U0000791

熟年館

找回存有的價值，找回生活的樂趣
找回親子的溝通，找回自己的天空

臺灣商務印書館

熟年世代

——最誠實的熟年心理與人生剖析

陳俊欽 著

推薦序

做自己，過生活——一本讓人深思的書

早期受我訓練的陳俊欽醫師——也就是本文的作者，把本書原稿寄來時，我並沒有特別在意。等翻下去之後才發現事態不妙：這可不是茶餘飯後、或站在書局裡，隨手翻一翻，就可以看完一遍的書；反倒比較像幾十年前、物資缺乏的年月，在擁擠的書店裡，架上擺著一本本「當代思潮」、「西方哲學文庫」之類的泛黃書籍，不但印刷不甚清楚、排版有時還會歪了一邊、而且還多半連個硬皮的封面也沒有。但是買了一兩本回家，一啃就是好幾個星期。

「年輕人還會看這種書嗎？」

「這是熟年世代專屬的書啊！」本文作者說。「當然，我會希望：不管幾歲的讀者，在這本書中都能讀到自己想要的。可是，這是一本專門寫給熟年世代人士的書，年輕人要讀當然歡迎，但是他就得要試著來了解：在過往文化產業相當貧乏的時代裡，他們的父執輩、前輩、或是兄姐，就是用這樣的態度在看書的：挑一本最能有啟發性、提供從來沒想過的道理的書——比甚麼都重要。如果想邊讀邊發洩上班壓力，或是放鬆心情，那麼還是去網咖打電玩或去做個SPA吧！那會比讀任何一本書更有效！」

作者又說：「所以我把最難懂的部分擺在第一部份，也就是前三分之一。因為那個年代的知識份子，看書方式與現代速食文化有所不同。所以越到後面，我的筆觸就越來越輕快，越來越接近現在讀者的閱讀習慣。如果前三分之一要花十天，中間三分之一大概花一天，最後三分之一大概一個小時就看完了。」

等我讀完，反倒有另外一種感覺——人生不也是這樣？前三分之一為學業、為事業、為家庭而奮鬥，苦不堪言；到了中間三分之一，事業穩定了、小孩長大了，生活重擔少了一大半，人生該怎麼走下去？自己卻反而迷惘起來；到了後面三分之一，理當是最無牽無掛的，但時光稍縱即逝，會安排跟不會安排，快活不快活，天壤之別，差異可就大了。

作者曾經與本人多次合力著作，對作者為文一向嚴謹印象頗深刻，全書十萬多字可用「三萬多字」為一組，區分為三大部分：「熟年世代的危機與轉機」、「熟年的困局」與「清點生命資產」。

第一部份包含了六個章節，雖然是三萬多字，如果沒有哲學背景的人，又想翻一翻看過去，那麼翻完六章之後，一定會覺得很邪門：每個國字都看得懂、每行文句也都看得懂、每個段落的說法大致都明白、甚至也都能認同——偏偏讀完全部，原本看懂的地方又通通變不懂了。

其實，在第一章裡面，作者不過就是在為「熟年」這個名詞下定義，認為「熟年」不是生理相關的健康狀況，而是與「社會新鮮人」遙遙呼應的一個狀態，後者是剛進入社會的第一個階段，「熟年世代」則是即將要從社會「畢業」的最後一個階段。同時呢，作者也說明了科技進步帶來的高齡化社會問題：人的壽命延長了，卻不知道多出來的這些時間要拿來做什麼？如果不及早準備，那麼一旦從社會角色退下來之後，那段漫長的時光可是難熬得很。

第二章開始，就真的講起哲學思想來了，一直到第六章結束，幾乎都在說明著存在主義中，作為一個人的處境之尷尬。用最簡單的講法就是：人是會思考、也會改變的，跟機器不一樣。但是人沒有預知未來的能力，所以改變之後，結果會更好？更壞？還是沒差別？沒人知道。所以只要是人，都有一個特性，那就是看社會上別人怎麼做，我們就跟著怎麼做，這樣我們就可以不必為了選擇而傷腦筋，輕輕鬆鬆活下去。

在社會裡面，人會利用社會的肯定來包裝自己，例如：學歷、職位、財富、頭銜、成就等等，讓自己覺得一天比一天更進步，人也會心甘情願的把時間花費在上頭；但是到了熟年時代，就像火車即將到了終點站，人要走出原有的社會狀態、面對真實自己的時候了——用一句最通俗的話語來說：就是學習怎麼「作自己」、「過生活」。

本書的第一部份講的就是這情況。而第二部份開始，作者開始描述到了劇烈轉變的熟年世代，人們可能面對的各種困境與矛盾，甚至是疾病。作者也試著提出了一個具體解決的方案，構成了整個第三部份。

綜觀全書，三個部份是緊緊相連的，作者雖然為了堅持自己的「熟年書寫」，寫出一本「給熟年世代」的書，又擔心這樣的安排，會嚇跑年輕的讀者，因而建議「**看不懂的話，直接從下一個部份閱讀**」——但我個人認為事實上，本書並不難懂，但它絕對不是一本適合站在那裡隨便翻翻的書。

作自己、過生活——但誰是自己？什麼又叫生活？

我想，這是一個熟年世代與任何世代都應該深思的課題。

最後，本書的結語則是鼓勵每個人，有效的運用自己所創造的財富，不要只是存在銀行、獨獨重視傳承給後代；應該好好思量：世間常聽的一句俗諺：「錢是用了才算錢，留在銀行不算。」

作者寫這篇文章的論述包括醫學、心理學、經濟學等等學問，好比米其林三星級作品，不是速食文化產品可比，讀者可以再三斟酌思考，當能有所助益。

台灣大學精神科兼任教授　簡錦標

美國加州大學洛杉磯分校（UCLA）精神科名譽教授

推薦序

熟年，應知天命

曾幾何時台灣媒體把五〇—六十四歲（民國二九—四十三年）出生的人，稱之為「熟年世代」。他們經過戰爭、貧窮、戒嚴、解嚴及經濟奇蹟，科技文明的衝擊下，過著最現代化的生活，生活閱歷可說是最完整的世代，正影響、主導著台灣的政治、經濟、文化、社會等的現在與未來。

熟年世代的人們是否能從熟年到忘年，再到望年、旺年，或是妄年，決定於人們是否知道神的命定，並進入神的命定！

如孔子自述：四十而不惑，五十而知天命，六十而耳順；熟年應該是一個從衝刺追求人生成就，轉而進入「知天命」層次的世代。

從《聖經》中啟示的「神愛世人，甚至將他的獨生子賜給他們，叫一切信他的，不至滅亡，反得永生。」（約翰福音3:16），「使基督因你們的信，住在你們心裡，叫你們的愛心有根有基，……神能照著運行在我們心裡的大力充充足足的成就一切，超過我們所求所想的。」（以弗所書3:17）或許可給這熟年世代的人們一個最佳答案。

陳俊欽醫師是我在馬偕醫院帶過的學生，是位博學多產的作家，我有幸先睹為快《熟年世代》一書，陳醫師引經據典，並有許多例子與對話，引起我不少的沉思，樂以此為之序。

榮主診所團隊　神愛整合醫學中心　醫療總監　吳光顯

二〇一二，十一月

推薦序

走一趟澄清之旅

陳俊欽先生是杏語心靈診所的院長，他是一位精神科醫生，可是這本書和一般精神醫師會寫的專業書籍很不一樣。

看看他的學習背景就知道，他是台大法律系肄業，念過台大國家發展研究所，但最後是台大醫學院醫學系的畢業生；再加上有一位台大經濟系畢業、考上台大社工系，再次畢業後就一直在兒福聯盟做兒童實務工作的賢內助，所以這本書處處透露出他對人、對社會環境的洞悉；對相關知識的深度領悟，以他高明的敘述能力，再加上得過時報文學小說獎，讓這本《熟年世代》變成一本很好看的書。

作者用大樹的結構來比喻本書，告訴你前面不好讀，當面丟下一個挑戰，決心從樹根、樹幹再翻到樹芽，才能抓住他苦心經營的，讓讀者們走一趟澄清之旅的脈動。雖然話說熟年是四十五到六十五歲之間的人，我以為書中這些對環境、困境的體認解析，對「半熟者」亦頗有助益。大多數人不是都很好奇「我將來如何」嗎？

我最受用的是讀到作者對「生命資產」的說明，他用個例子，貫穿引出了如勞動、經濟、親密關係、人際關係、嗜好、興趣、哲學與宗教等重要生命資產內涵，並引發各人探索自己珍視何種生命的可能性，最後帶入「面對自己」這個終極話題，真是太精彩了。

我相信作者若去教書，一定是一位引人入勝的好老師。

兒福聯盟董事長、台大學務長　馮燕

自序

這是一本很奇特的書——就跟現在這個世界一樣奇特。若以大樹做比喻——

第一部份是最沉重、最難懂、意義看似非常豐富、卻不知所云的「樹根」。好比一幅當代藝術大師的巨作，人人叫好讚嘆，卻沒人看得懂。如果您是歷經半個世紀，從最苦的日子走到今天，功成名就，集財富、權力與知名度於一身的名人（尤其您當年如果是「文藝青年」），您看了會很有感覺。

第二部份是很寫實、迷惘、痛苦、掙扎、孤單、恐懼、卻沒有答案的「樹幹」。如果您大約在四十歲到六十歲，您會深刻了解文中所提到的，因為，某件事就真的發生在您身上，我知道您跟您的朋友會用「不要想太多」、「看開點」或「不要處在福中不知福」試圖讓自己好過一點，但通常是無效。

第三部份是輕快、理想、光明、突破萬難、「具體」敘述如何為人生下半場做好準備的「樹芽」。不管您今年幾歲，只要已經搞清楚：要靠政府或公司幫妳養老是不可能的，而您已經開始為未來做準備。閱讀它，你會重拾起信心。

您會問：哪有人寫書是這樣寫的？最難懂的放在第一部份？那讀者看了幾頁，看不懂不就不買了？大樹也不是這樣長的——資源最少的「樹芽」放最下面，支撐著上面迷惘的「樹幹」，把最老的「樹根」頂在天空。

可是現在的社會就是這樣奇怪啊！一堆超齡的「超熟年」不知道怎麼退休，強撐著一把老骨頭在天空當「欣欣向榮」的「樹根」，「熟年」成就有了，迷惘更多；中間是亂長一通的「樹幹」；然後年輕的「樹芽」被壓在最下面。

這是一本專屬熟年的書，所以撰寫方式就是「熟年第一」。我會建議讀者，看不懂，就直接跳下一個章節。通常，男性建議從第一部；女性建議從第二部，或者，就留給您隨性閱讀吧。

陳俊欽於二〇一二

目次

第三部　清點生命資產

第一部
熟年世代的危機與轉機

告訴我：您為什麼會拿起這本書？

別急著翻頁——太急著想知道結果，已經讓您在人生的道路上失去很多。趕路趕了幾十年，到了今天，還要再趕什麼呢？

這是一本討論「熟年」的書，而筆者我是一位專攻心理治療的精神科醫師，離「熟年」雖未到，亦不遠了。

為什麼叫一位沒有一大堆頭銜的非熟年醫師來寫熟年書籍呢？這豈不是一件自砸招牌的事嗎？

懷疑是人的天性，我很歡迎您的懷疑；然而在華人世界，壓抑人的天性往往會得到正向的酬賞，所以我必須再次宣讀您與生俱來的權利之一：

懷疑是美德，您不只要把我當成一個大騙子，在後面的章節中，窮盡一切辦法想說服你某些令人難以置信的事；您更要睜大眼睛，注視著這個社會中的每一件事情，因為一個魔術如果能騙了你一次，那麼再騙你四十年又有什麼難處？

不過，這場本來能永遠演下去的騙局，如今終於得落幕了——因為「熟年世紀」夠鐘了，裂痕越來越大，人類從來沒有想過有這麼一天。

我們必須及早解放這些心靈，否則，問題會越來越多，也越來越棘手。

釜底抽薪的做法，當然是從讓人們理解「何謂熟年」，而後恢復您往日的笑容，邁開大步走出去——這絕非一件容易的事：你身邊的每一樣東西，從你的皮鞋或高跟鞋，到你的包包或領帶；從川流不息的人群到你的朋友；從自動販賣機到高檔的日式餐廳——每一樣都會想盡辦法留住你。當然，「試著去了解它」是第一個步驟。

1. 五分鐘快讀

「熟年世代」是什麼東東？

倘若「熟年」本身是一個大問題，那我們要盡可能全面動員，盡快阻止「熟年」這個事件繼續發生，以免問題繼續擴大。

但這絕非容易的事情，因為現今的社會與資源脈絡，依舊掌握在熟年時代的人們手中。如果要繞開「熟年世代」，私底下作些什麼改革，那我告訴您：這個不會叫做「改革」，這個會叫做「革命」。從我的角度來看，我完全不認為有這個必要性。

第二件事：所謂的「熟年問題」到底是什麼？影響會有多深遠？影響層面會波及哪裡？規模有多大？原因是什麼？更坦白的問，真有其事嗎？還是瞎掰一場？

第三件事更荒謬了——到底那些人才算是熟年呢？誠如某個很知名——卻被我忘記

的人說的話：「三十歲以後，年齡由你決定。」根據我近乎十年與各種熟年人士會談的經過，當真如此：有的人熱衷於社會運動，固定時間上私人健身房，然後會談時突然跳題，露出孩童般的微笑：「您猜猜我今年幾歲？」

我必然回答：六十八、六十九，至多七十歲吧？對方就會講出一個數字，然後很高興的說：「看不出來吧！」

但是偶爾，我也會被這數字震撼到，諸如：八十多歲等等的。我吃驚的不是外表，我吃驚的是我誤判年齡之下，我採用的治療取向，對方竟然跟得上！

很明顯的，「熟年」並非一個生理性的年齡刻度，它跟老年、中年、壯年等等，有著截然不同的分野，但是要理解它，您所需要的知識、智慧、悟性卻要相當高。

理解「熟年議題」，本身就是一種自我成長的歷程，也是對未來的自己負責任的態度。

「熟年」是個趕流行的詞彙嗎？

好，回歸主題。「熟年」到底是什麼？為什麼這個符號有如雨後春筍般大舉入侵我們熟悉的語彙系統？處處可見？

它的衍生字（熟男、熟女）使用範圍更大——尤其是在綜藝節目中。當您卸下一天工作，看著電視打發時間時，這個字眼的模糊性就在笑鬧中頑強的保持著原有的模糊，沒人知道它是什麼？它卻能有效率的傳遞著訊息。

倘若我們打開電腦，Google 一下，我們會得到三種主要意義：

1. 最常見的，就是在描述戰後嬰兒潮，已經面臨退休與即將退休的這個世代。
2. 有的用法，還在上面的條件中，加上了「歷經台灣經濟起飛」的過程。
3. 唯一用年齡來定義的，是將年齡設定在四十五歲到六十五歲。

老實說，如果「熟年」指的就是上面所定義的這群人，那這本書也不必寫下去了，因為一個專門指稱特定族群的名詞，不具備外延性，五十年之後，大概只剩歷史學家感興趣了。而將四十五歲開始，一直到六十五歲的人，通通納入熟年的範圍裡面，他們到底有什麼共通點？我只能確定：有的六十幾歲的人士脫掉上衣，體格就像五十歲；有的五十幾歲的人思考的彈性，比四十歲的人還要靈活；當然更多的是四十幾歲的人，無論在接受新觀念與體能上，都比不過五、六十歲的人——我相信：「熟年」不會因為這個理由而定義。

我不否認：「熟年」是一個非常難以定義的「年齡刻度」，它並不像「青年」、「老年」、「兒童」等這些我們耳熟能詳的字眼——但是，讀者是否注意到：嬰兒、幼兒、兒童、少年、青年等等年齡刻度，是一種自然而然發生的事實，不但一個也不能少，而且出現的順序也絕對不會變化。例如：人類剛出生的時候就一定是「嬰兒」，絕對不可能是「青年」。

「沒熟的熟女」

但是「熟年」這個字眼可就沒這個限制了——如果您遇到一位完全符合「熟年的傳

統認知」的婦女，但是她正專注於該國民主制度的建立：她四處受邀演講，辯才無礙，非常能激勵人心；她不斷用多國語言撰寫著文宣、書籍、到處與熱情的人民擁抱、簽名……您會用「熟年婦女」或「熟女」來稱呼她嗎？文法上，是可以的，實際上，用「中年婦女」可能更適合——其實，如果您是文字工作者，或是您對文字的感度很高，您就會察覺前者帶有一絲不太禮貌的意味。但撇開這個禮貌的議題，你覺得用「熟年」稱呼她適合嗎？我相信應該比不上「中年」這個字眼。

何故？其實一點也不奇怪，因為這位女性還「沒熟」，除非該國軍政府垮台，真正民主到來，她放棄參選大總統，回到家鄉，開始她從小夢寐以求的種花生涯，你才會覺得：她真的熟透了。

但是，該國軍政府如果繼續執政五十年，這位女性到死可能都沒熟——悟性高者應該注意到一些東西了。筆者先前提過：在理解這些問題時，明心見性是最重要的——是的，為什麼「熟年」的定義會受到一個人的作為與外在環境而影響呢？為什麼「中年」就不會？

熟年的社會性特徵

筆者在此必須引入「社會性」與「自然性」這兩個概念了。這個字眼，在後面將會頻繁的出現，所以不必急著對它太過鑽研，反正，您現在望文生義就可以了。

所有的「年齡刻度」，不管是嬰兒、幼兒、兒童、少年、青年、壯年、中年、老年等等，都是完全屬於「自然性」的，不管你同不同意，你的身體就是按照著既定的生物時鐘在走，不能改變，沒有商量的餘地。

而首創「熟年」這個名詞的人，原本只是想凸顯戰後嬰兒潮的富有、權力、勤奮、控制慾等等，卻不知不覺中創造了第一個社會性的年齡刻度，它描繪的是人類社會性中的最後階段。

與其說，熟年是四十五歲到六十五歲，或者是某種生理上的改變；不如說，它是一種社會關係與個人心理的狀態。

由於筆者到現在為止，尚未開始有系統的討論核心的問題，無法嚴謹的定義它，但我們依然可以用一段簡短的文字，盡可能說明出熟年與社會的關係——

人到熟年，這個社會已經無法從他的生活與位階上，創造出任何新鮮的事——不管當事人選擇的是什麼樣的生活，在社會上佔據什麼位階。

這句話唸起來還頗為拗口的。簡單講就是：一位大學生隨著年級增長，越來越接近畢業，他可能想繼續升學，可能想去找工作；但是不管怎麼選擇，社會媒體對於他的影響越來越大，這是俗稱的「社會化」歷程。

假設有三位好友，相同的年紀，類似的背景，讀了同一所大學、有著相同的年級、相近的成績、相近的努力。他們彼此無話不聊，毫無心機。

畢業後，他們各自選擇了不同的道路：一位投入外商公司、一位投入電子產業、一位返鄉接替父親開起了一間民宿。

隨著他們歷練的加深，見識日廣、因緣際會、與各種巧合，他們的發展會差異越來越大。等到現在，他們再次見面，你會發現，三個人有三種截然不同的生活，在社會上，也會有三種不同的位階。

但是，三個人唯一可能共同的是：他們在自己的道路上所能看到的風景和變化，可能已經閱歷豐富。與社會新鮮人樣樣新鮮的樣子完全相反——到了「熟年」，他們已經把事情看透徹了，他們的生活模式和職場技巧已經一再重複了。

所謂「自己每一天的生活都是新挑戰」這類話語是講給初生之犢聽的，其實，挑戰雖新，但是辨認與分類的技巧早已發展完成，您還是使用著固定的模式在反應——甚至在自我回饋與學習。

就像在每一朵花朵中，你找不到第二片花瓣是與第一片花瓣是相連的。但無論如何，熟年就是存在於社會性中的一個階段，無好也無壞，就像「社會新鮮人」一樣，各自在一個人的社會生活中佔據了兩端。如此而已。

「熟年世代」不是常態嗎？何來危機？

沒錯！這情形每天都在上演。

自工業革命以來，每一間公司有新人加入就有舊人離開，每一代的舊人總是看遍一切，然後就離開。這一點都不奇怪。所以，到底所謂熟年世紀的風暴到底在哪裡？難道別的時代就沒有問題，偏偏到這一代就會有問題嗎？

沒錯，別的時代都不會有問題，偏偏這個時代就會有問題，非常的奇怪。但是我倒可以說明，這絕對不是熟年世紀的任何一個人的錯，而錯誤也不是任何一個人想造成的。錯誤反而是一群人為了謀求人類的福祉而造成的——

答案就在醫學裡面：在短短的幾十年當中，有賴於戰後嬰兒潮的那一代的努力，醫學獲得前所未有的進步，並且進步驚人，只能說：從古至今，沒有一個世代，如同這個「熟年世紀」的醫學發展能如此迅速；各種傳統絕症就是有人想出各種奇奇怪怪的治療方式，再加上輔具的使用——在醫療沒有辦法的時候，我們就試著用一些輔具來達到醫療做不到的地步。每樣事物都有人在嘗試。醫學美容也是其中之一。

在這種狀況下，您大概可以想像人類的壽命會大幅往後延伸。但這個壽命指的不是「社會性」的熟年的壽命，指的是自然狀態的壽命。也就是生理功能維持的壽命。

光看平均壽命不能真正反應此刻您的壽命，要看平均餘命才行。平均餘命計算的是：能活到您現在這個年紀的人，將來還能繼續活多久？

當然，真正的數字沒人知道，而且，屆時的醫療與養生之道又會把這數字往後延伸。不妨大膽一點，假設現在五十歲的人都能活到近百歲。

如果加上少子化現象，那就變成人口老化問題。影響之大、層面之廣，相信大多數人應該都已經有概念了。

但是，人口老化問題不是我們關切的問題，因為我們探討的是「熟年問題」：一大群人同時面臨「去社會化」問題，他們在短期間內，「就要」或「即將」交出社會賦予的權力，喪失所有社會給予過的「頭銜」——然而，這一切，都是他們用一輩子的勤勞、天賦、外加天賦，千辛萬苦才換得的。

如今，再過不久，幾顆氣球、一束花、一瓶噴得亂七八糟的香檳，再加上一張「恭祝XXX榮退」的卡片，還有一群皮笑肉不笑的同事敬酒，就要把您辛辛苦苦打下的江山，「杯酒釋兵權」。

您豈會甘心呢？但您又能怎樣？內心的種種掙扎、空虛、恐懼、憤怒、焦慮、憂鬱、不甘心，全湧上心頭。

其次，向來只有他們在保護、照顧別人，沒有他們在接受別人保護的。誰知道小孩一個個翅膀硬了，東南西北各自飛，也沒人理會自己在講些什麼。多講幾句，就被嫌嘮叨；送個東西，卻被嫌不合用。這是什麼意思？

唸著歸唸著，但是看著他們自由自在作著自己的夢想，就不禁回想起自己當年：許多「年輕時」可以作的事，卻為什麼沒作？誰知道，一轉眼，就是這個時候，讓人懊惱無比。

想死呢，沒那勇氣；想活久一點，卻又不知道活著要幹什麼？算一算，離平均死亡年齡還那麼久，真不知道日子怎麼過。

人家都說要「走出去」；那走出去之後到底要走到哪裡去？又說什麼要「愛自己」；那自己在哪裡，又要怎麼愛？

五十歲之後，還有一個長得不得了的人生。

僅僅在十九世紀末，醫學尚未發達的時候，一個人五十歲就是天命之年、耆年，人類平均壽命還不超過五十歲①。因此社會性結束的時候，自然性也差不多要結束了；問

---

①編按：根據台灣衛生署資料顯示，二〇一〇年台灣人平均壽命為八十歲（男七十六・二，女八十二・七），世界第一的日本，男七十九・六，女八十六・四歲。但根據日治時期一九〇五年的台灣初次人口統計，平均壽命調查，男僅為二十八歲，女為三十一歲。一九四五年日本政府撤退時，女生的平均壽命提升為五十三歲，男生則是四十六歲，平均起來仍不超過五十。壽命快速的延長，許多已開發國家還來不及反應思考，就已經進入高齡化社會。

題不會太大。但現在的熟年世紀將要面對的卻是一個長得不得了的人生（平均壽命延長到八十歲，多出三十年），緊緊依附在社會性的結束之後。

「熟年世代的危機」是一種普遍存在於整個「熟年世代」的內心危機；它不是老年問題，而是一個長年被忽略的議題，因為鉅量戰後嬰兒潮面臨退休的事實，才被注意到。

無論如何，您能讀到這裡，為自己鼓掌吧。這本書並不會太難，但您願意看到這裡，表示您願意面對自己，這並不容易。如果您是男性，那我更對您表達敬意——在後面，有一個專章看待男性熟年的問題。不管怎麼樣，請您向自己致上最高的敬意，因為您已經開始為您的生命負責。

2. 醒來吧！時間不多了

長久以來，一直斷斷續續有哲學家關注著人類的存在，他們並不關心時下辯論的最精彩的議題，也不想去論證上帝是否存在——或者論證人類是無法論證上帝是否存在的。

他們只關心人類——這是一種會思考的蘆葦，精緻，而不堪一擊。

這群人橫貫整個哲學史，但是我們將之串連在一起，稱之為「存在主義」者——感覺上，好像他們彼此認識，共同宣傳某個一致的「思想」，但其實這個主義是不存在的，他們彼此不一定認識，意見也不一定相同，但是因為都關切人類存在的議題，所以人們才將之列舉出來，通稱為「存在主義」。

其中，二十世紀戰後的哲學家，目睹兩次世界大戰的殘酷，對於人的狀態描述也特別深刻：

他們注意到：人類的存在，跟別的事物的存在，有著截然不同的差別——一般事物的本質先於存在。

我們如果要能複製一件物品，總得先弄清楚它的本質，本質就像藍圖，告訴我們怎麼去實做它；當然，我們也可以只是知道，不去實做。

但是人類卻完全相反。

「做人」實在很簡單——除了少數不孕症夫妻。但是人是怎麼被做出來的？不知道。在有限的資料裡面，全部都是驚奇。即便這個人存在了，它的本質我們還是搞不懂——要不然，心理學就不會有那麼多種學派。更有意思的，這個人每天都在經歷與體驗，他對於自己與未來的期望也不斷在改變，這等同他的本質繼續在改變。

一個偉大的醫學家在他死前，可以選擇投入他故國的和平運動；也可以選擇全然信仰上帝，到處行醫傳教。他的本質將不斷改變，直到他死亡的那刻，一切才蓋棺論定。當他死的時候，他可能是個偉大的醫學家、可能是個偉大的宗教家。假設——純假設而已，他臨死那一天，突然去放火，還放了很多條街道，結果被被捕入獄。他死的時候，是一個囚犯。

存在先於本質

換句話，人類是先存在，但本質不確定，你我皆然，完全看每個人做出了什麼抉擇，將您的生命引導到什麼地方。只要您一息尚存，您就有可能改變您的本質，改變您的人生故事。

但是，您天花板上的吊燈、手上的鑽戒、腳下的地板，通通沒辦法，它們被「做出來」以前，早就被設計好了。

由於人類與其他事物的重大差別，人類的存在，普遍被稱為另外一個名詞。但這本書並不是哲學類書籍，說出來，讀者未必能真正懂得它內部深刻而豐盛的意義。第二個原因就很好笑了——因為很久以前，筆者都以這個字做為自己的網路代碼，後來網路發達，這個字眼很容易被盜用，所以多加上了一些變化，但是有心人還是查得到，因此，所以……好吧，為了敬業精神，筆者還是照實說：

Dasein（原文為德文，應該斷字為 Da Sein）

這個的意思非常有意思，就是「**就是在那裡，其他的廢話少說**」。

Dasein 的中譯有一大堆，有的稱「此在」，有的稱「現存在」，反正寫到海德格「存在與時間」的，都一定會提到；寫到存在主義入門的，也會提到。

這是什麼意思呢？

其他物品的存在，都是死死的在那裡，你可以修飾它，美化它，在展示以前改變它，然後才在公眾面前展示。而人類呢？完完全全不一樣——不管他有精神、委靡不振、嗑藥、或是明明要去槍決了，但是路上卻洩漏一個藏金處給一位可憐的求乞者——我們所有的「做為」都跟不上他的「行動」，在他被槍決之前，他還是可以跟獄卒說聲「謝謝你們的照顧」。

這些行為雖然不能改變他要被槍決的命運，但是我們無法改變他最新的行為，就算把他嘴巴封起來，他還是可以在內心讓那一念善意發聲——直到死亡。

所以，**da sein** 的意思就是：

人哪！人哪！這傢伙——「此時此刻」你看到的他，就是「此時此刻」的他。

過去他所有想過的思緒、做過的事、以及什麼會做那些事（好事壞事都可以），我不知道——因為我完全弄不懂這個傢伙——其實，他也搞不懂，我猜。至於他的未來會怎樣？他可能也搞不懂。

對於這個傢伙，我唯一確定的，只有幾點：

1. 他有一天會死，不管用任何方式去延長壽命。
2. 他知道自己有一天會死，不管他的做為對世界有沒有貢獻，也不管他擁有多少東西。
3. 他的存在叫作「現存在」，就是所謂的「da sein」，當他處於現存在時，這種存在樣態叫「本真狀態」，是全世界獨一無二的，因為你沒辦法找到第二個人跟他有完全一樣的人生開始，遺傳物質也不一樣，教育環境與命運都不一樣，所以人格的養成也一定不一樣，而機於這樣的人格，恰如俗語說「性格決定命運」，他的命運也會不一樣。
4. 他跟所有人一樣，「本真狀態」讓他們感到無奈與焦慮——無奈的地方是，他對於自己為何會存在於這裡，完全一無所知，卻偏偏必須對結果負責。陳進興不能抗辯「如果我長在連戰家，受那樣的遺傳、幼教、滿足，今天我就不會殺人」——很抱歉！雖然他會出生在哪個家庭他一點也沒有決定權，唯一有決定權的是做愛中的父母；可是他還是得為他所莫名其妙存在於此的現存在負責；相同的，展望未來，他必須選擇，因為死亡正在逼近當中，極度的焦慮會讓他盲目亂走。

5. 為了避開「本真狀態」所帶來的一切痛苦，他必須選擇進入社會，因為那裡看似有無限的可能。在社會中，「本真狀態」就會開始沉睡（其實原文稱為「沉淪」，但我不認為沉淪是一件多麼不妥的事）。

6. 直到有一天，社會發現讓你繼續透過社會沉淪，已經對社會沒有用處，社會通常會透過一個儀式：好一點的叫「榮退」；中等一點的叫「優退」；慘一點的叫「熟年遭資遣」（家庭主婦會有另外的心理機轉，我會另外說明）。反正，社會就是不許你再做夢，你也回不去，更糟糕的是，你不一定會有機會發展出「本真狀態」——畢竟，從年輕時代真正就能接觸到正統的心理學派者不多——多數人沒動機，少數人走到類似佈道會般的自我鼓勵團體（他們擅長製造氣氛，製造正面效果，離開了就沒效了）只有少數人能在個別中、或是小型團體中、或得真正正統心理治療與成長的機會。

7. 絕大多數有活動力的退休老人最後選擇成為一個「病人」——利用健保，每天以

「看醫師」打發時間。有人狠一點的，拿安眠藥去地下藥局偷賣，但多數老人是拿藥回來放著或給垃圾桶吃的。這個時期可以延續非常久，大部分在熟年世代以前，不曾做過準備的（包括宗教在內），甚至可以延續個幾十年。

8. 最後，等老人真正有病時，子女決定送到有針對該病的特殊醫療照護的安養院，或是讓老人繼續住院。直到生命的終結。

如前所述，「熟年」是一個人在這個社會中，已經完全發展到極限，再也沒有其他變化的可能性——當然，再次結婚、再次背起行囊旅遊、再次參加社會公益等等，雖然都很好，但這已經不是第一次了，也不算是新的變化了。

除非您像先前舉的那位女性革命領袖的例子：未來一切都在不確定當中——沒人知道國際勢力的均勢改變，也沒人知道國內軍政府的改革速度，那也許您可以繼續「不熟」下去。

否則，「熟年」發展到盡頭，必然會遇到上述第六點的問題。您可以無所作為的等待最後一刻的到來，也可以盡快搞清楚一切，取回喪失已久的「主體性」——在「社會為您決定生命意義」的被動模式下，快速切換回來「由您自行決定生命意義」的主體模式；而非等到自己被社會一腳踢出去之後，瞬間失去工作、失去工作帶來的意義與、失去自己的角色、失去自己的「用處」、失去對自我的信心、失去曾有過的自我尊嚴、憂鬱而焦慮、甚至到生病的狀態，而真正走入第七點的悲劇。

要恢復「主體性」，首先就得知道自己為什麼會失去主體性的，如今您已經在路上了。

人類的特徵：不斷想遺忘自己的生物

人類在「本真狀態」的時候，如果尚未訓練過的時候，是相當脆弱的，抗壓性幾乎不存在。很神奇的，人類又是一種群居型生物，在自然而然狀態下，自動會集結合成一個社會。

社會是有力量的，存在其中的人們在也不必提心吊膽的活在「本真狀態」——除非你是梵谷。

人們可以在社會狀態中開始遺忘本真狀態，社會的回報就是安全感、歸屬感、被尊重感、還有力量、控制性、權力等等。這在存在主義中，意味的就是從覺醒狀態開始沉睡。人們膽子大了，可以集體怠慢工作，也敢集體要求福利，甚至是要求加薪。這叫責任分擔理論——不管做什麼，都是別人幹的，跟自己無關。

人類開始沉淪再沉淪，從沉睡的夢境中進入更深層的夢境。這不是一種受電影感動而使用的文辭，而是真正的事實——例子之一，就是人家常說的：「換一個位置，換一個腦袋」。

其實，腦袋是沒有換的，只是換了一個位置，不過就是進入另外一個美夢當中，大多數曾經進入這個美夢當中過後的人，再也無法忘懷那場夢境，爭先恐後的想回到那夢境。這根本有如安非他命成癮一樣，用過，就再也難以忘懷。

一般人很快就會做起各式各樣的夢，並且完全遺忘這只是場夢境，人們只知道跟著大家走，一些不重要的事情就讓社會接管自己，讓自己專注在你可以專注的地方。法門萬千，夢中有夢，難以一言而盡。

很有意思的是：社會控制通常不理會內部結構：這也就是說，管你內部在搞些什麼飛機，只要從外面看起來，你完全符合社會的要求，社會就有很大的機會接受你的做法。

這就是所謂「換一個位置，換一個腦袋」的基本原型——

自卑的人希望受到尊重，但是現實生活中的人不管怎麼尊重他，他始終無法相信，因為不尊重他的人就是他自己。所以要是有機會，他得到權力，他能做一個美夢，在這個夢境當中，他就是霸王，他頤指氣使地使喚別人，虐待下屬。但是他還是很清楚的：這個美夢存續下去的理由，就是必須符合社會規範，所以他必須抱緊給與他權力者的大腿。

夢境，往往就是一個人內在匱乏與恐懼的投射。

夢境中，時間也過得特別的慢，所以您會以為自己過很久了，直到清醒的那刻，你才會突然發現自己還是站在開始做夢時的起點。

一切有為法，如夢幻泡影，如露亦如電，應作如是觀。

無所不在的社會控制

那現在我們總算是清醒的吧？

抱歉！只要你我還在社會當中，用著社會的語言互動，那我們就還在社會的夢境裡面。我知道這很難讓人相信，大多數人會認為這應該是電影情節，不可能發生在事實。筆者一定在故弄玄虛。

無所謂。

我們不妨從一個很微不足道的地方開始觀察：如果看到一個熟識朋友的兩歲小孩，您會怎麼做？如果你是女性的話，您可能會接過來抱一抱、玩一玩、逗一逗；如果是男性的話，當然可能跟前者反應一樣，但更常見的反應是敷衍幾句，說聲「好可愛啊」，然後就不感興趣了。

為何如此？通說是男性對於一來一往有互動的事物比較感興趣；而女性透過觀察本身就能夠獲得滿足了。

如果您遇到的是五歲的兒童，您的反應大概不脫：「現在乖不乖？上哪家幼兒園？適不適應？好不好玩？」等等。如果小孩不怕生、語言能力又好，男性對這個年紀的小孩互動自然會增加。

再來，假如我們遇到一個九歲的小孩，那麼我們的反應又不同了，我們會開始問他一些問題，更多的問題是放在這個小孩身上，比較少是放在家人身上了，因為小孩本身說話的能力變好了。我們可能問小孩上學了沒？學校好不好玩？有沒有認識什麼好朋友？課業怎麼樣？另外，我們也可能注意到他害不害羞，怕不怕生等等。

到目前為止，您會覺得這是很正常的行為嗎？是的，您的行為非常正常；如果您不是這麼做，反而別人會覺得您怪怪的。敏感的讀者應該看得出來，有些什麼不對勁的感覺了。

沒關係，我們繼續看下去。

假如這個小孩變大了，進入青少年，十幾歲的時候，你會跟他互動的方式，大概就是課業、考試、對於未來的夢想之類的。

甚至到了他三十歲的時候，你還是會問他一些固定的話語。雖然會因為他的婚姻狀態、就業狀態、專業領域、休閒嗜好的不同，而有些改變，但基本上都是有個核心架構的。

我想請問：**你是如何辦到上述這些行為的？**

你唯一憑據的變項只有年齡，但你的問法卻很合乎當事人期待，反而對方如果不按照您的預期去反應，才顯得怪異。這是怎麼回事？

也就是說，你根本不假思索，合適的語言就會脫口而出，甚至你根本不在乎聽到什麼。但更有趣的是：當你聽到對方的回答之後，你還可以回應，這又是怎麼做到的？

這整個過程，有無數的思考，通通透過社會而自動完成，不須要花費腦筋。因為社會實質上，掌握了一整群人的共同行為。而您只是利用了這個社會的掌控法則而已。

社會有著驚人的影響力。但您不妨想像一下：為數眾多的人放棄了自己的特點，做著一樣的事——每個五歲的小孩多數會在幼兒園，每位九歲的小孩可能上了小學，每位十三、四歲的青少年，可能共同有著類似的迷惘與交友上的問題；每位三十歲的成年人，關心的若非工作、就是婚姻，而每個人各自有個別的專業領域與休閒嗜好。如果不是社會，你的預測能力是怎麼來的？

你我長期住在其間，可能一點感覺也沒有，事實上，我們連社會透過什麼方式來控制我們行為，我們都不見得清楚，我們只知道：很多事情，如果您不按照社會規範去做，您會承受很多其他人士的異樣眼光。

就像有人說：「十幾歲的時候，為了趕流行學抽菸；四十歲的時候，還是為了趕流行學戒菸。」香菸這東西，生理上意義很清楚，但心理上意義可就沒那麼簡單。

再舉一個更有意義的真實故事（也已經經過改編）：

一位在暴動中因為搶劫商家而被捕的歹徒在接受採訪時，被意外發現是個非常老實、溫和、安分守己、甚至有些結巴的裁縫師傅，長期住在市鎮附近，所有認識他的人，都不敢置信他會做出這種事情。這引起心理學家的好奇。在更深入的了解後，該裁縫師傅說出了當天的景象：

「那一天有遊行，我沒注意到；結果外出購物的時候，被大批人群簇擁著，回不去了，也只好順著他們的方向走。我看到前面後面左邊右邊——所有可見之處都是人，人們都手持著一盞蠟燭，大聲唱著歌；後來，不知道誰遞給我一份蠟燭，不知怎地，我拿了，也許在場望去，全部的人手中都有一盞吧！歌聲是一首老歌改編的，不知不覺中，我也跟著唱了起來，那種感覺很好，很溫暖，有一種被包圍，跟大家同在的感覺。直到後來，前面不知道為什麼亂了起來，我們也不知道，只見大家都在逃，所有兩旁名牌商家的玻璃全被敲碎，一堆人衝進去，我也跟著衝進去，見到東西就拿，出來時就遇到警察了。」

這是社會心理學的課題。很有意思是：這位裁縫師自始至終都不知道該遊行的主題是什麼，甚至當他被告知會被起訴時，他才彷彿回到現實，弄清楚他做了什麼事，低聲啜泣起來。

到底他在遊行那一段時間，他的大腦在思考什麼？做些什麼？但是從頭到他衝進去搶奪名牌時，他意識都是清楚的——因為他還會發揮他的專業：挑值錢又好拿的。

如果要用心理學來分析，這又是一堆專有名詞跟理論。用一個不精確的字眼——你沒注意到他從夢中又進入了另外一個夢當中嗎？

他幾十年來，利用自己的裁縫專長，一日復一日的養家餬口，也不曾想過他為何永遠脫離不了這種日子？善於剝削的資本家造了一個夢、反抗者也造了一個夢、司法人員更造了一個夢，主角在夢與夢之間切換，他從不疑惑，而且渾然不覺。不要問為什麼，先問問：你比這位裁縫師的所作所為，高明到哪裡去？

在夢境中，一切都是合理的，連自己的抗爭也是合理的。

社會集體管制與懲罰

社會透過一種技術來完成眾人的期待，我們稱為「社會的懲罰」——它是無形的，

透過一些很隱微的東西在傳遞力量，它的目的，是要達成「社會控制」，沒有任何一個人逃得掉。

舉個例：當紅八點檔連續劇情節，如果您是一位新來的小秘書，為了跟其他人有話可聊，您可能被迫去看這麼一齣爛到你受不了的戲——只因你們辦公室的幾位大姊頭都愛看。

基本上，越是有生產力的社會，能包容的自由度越高，也就是說：社會控制的力量會越小。但是，現在的「熟年世代」年輕時，面對的是一個高度的社會控制，社會所能提供給個人的選項較少；但是到了現在，由於主導的已經換成有力量、有成就的「熟年世代」，他們願意給予下一代的空間就顯著大多了。個體的想法連結成為普遍的想法，新一代的社會能提供給年輕人的生活選項，也就遠遠多於當年的選項。

結果年輕一輩所展現出來的活力，反而讓現在的「熟年世代」感到挫敗不已：一大堆的問題湧上心頭，很多人都會說：「當年年輕的時候，為什麼不去嘗試看看？到了現在想試也來不及了。」

「懊悔」經常是熟年世代感慨的主題之一，筆者聽過的就不知凡幾。（基於個案隱私保護，以下全數對話均已經過修改）——

以孝順出名的男性，在經過一段時間的會談後，已經有相當程度的信任感，筆者又刻意引導期內在的真實情緒，終於，一段從來沒人聽過的抱怨出現了——「如果我能像我弟那樣，畢業後就直接出國，那我今天又何止是這樣？」

然而，當事人是個水產事業有成的商人，雖然只有高職畢業，但已經是無數人欽羨的對象，即便弟弟取得美國博士返台，也在其公司上班。如果不是當事人親口說出來，有誰會相信？類似的懲罰出現在另外一位優秀的女性身上。

這位女性出身寒微，但斷斷續續完成美國大學與研究所學歷，之後長期在外商公司上班，以升遷速度驚人聞名。她有一個特點：她所有的朋友，歷經不同位階，但她均無視於現今身份，下了班，宛若昔日好友一樣，唱歌、逛夜市、買地攤貨；低級笑話照開、以前八卦照聊。當然，她絕對清楚：在面對什麼樣的場合時，她該穿什麼樣的衣著，帶什麼樣的皮包、搭配什麼樣的髮型。

然而，她卻在會談室啜泣著，只因她女兒的一句話，她一直無法忘懷：「媽咪，我醒來時，妳已經出門；妳回來，我已經睡著；我什麼時候才能見到妳啊？媽咪？」

當我將這個對話（當然已經改編）基於治療需要而陳述出來，卻發現社會管制的重大變異——接近那個年代的女性，越能感同身受：那種無法兩全其美的社會懲罰；而隨著年紀的拉遠，衝突卻越來越淡薄；到了現在這個年輕世代，只會落一句話，「既然她這麼優秀，幹嘛要結婚？」

沒有選擇何需懊悔？

本來，這是本書後半有關於「調適」、「療癒」與「重生」的意題。但是由於「悔恨」這議題太強了，我們不妨先稍微改變順序一點點。

馬克斯認為：生產技術的改變，改變了整個社會高層結構，包括：意識、法律、經濟等等。

事實上，不論是芝加哥學派、凱因斯學派、還是其他學派（雖然凱因斯嫌疑最大），世代之間，**社會給予人類的選項事實上是在增加當中**。

就如第一位的成功商人，在他年輕時，社會控制中，「長子肩負養家責任」的重要性可能是今天我們難以想像的，當他用今天的思維去回溯時，很有可能忘記：當時他根本沒有選擇的機會，今日的他懊悔什麼！

而第二位的女性，社會控制對於女性的要求是更嚴格的，不但不婚本身就很奇怪，而分配在家庭中的比重也相對較高；當她以今天的觀點來看時，那些多出來的選項在過去根本是不存在的。而她固然是歉疚感的真情流露，但以今天來看，她的歉疚感會相對少很多（都跑到先生那邊去了）。

會讓熟年世代感到遺憾的事，有相當多事情到了今天才成為可能；要是在當年他們就大膽的做下去，那可能就會變成新聞頭條。時空背景是不同的，要完成一件事的難度也是不一樣的。就好比阿姆斯壯以前，夢想著登月可能會被送到精神科；之後呢，您可能會加入美國空軍，接受嚴格的訓練計畫。

事實上，每一個改變，都帶來了新的風景，但也讓某些風景隱沒。遺忘了價值所在，卻不斷去追求不可能的新事物，您的生命將圍繞在悔恨當中，逐漸黯淡——但這是後面有關於「療癒」的章節才會仔細談論到的議題。

3. 隱喻的力量

社會用來控制人類行為的工具，到底是什麼，又存在於哪裡？其實就在符號裡面，透過符號組成的大量隱喻（你可以當成潛規則），非常有效率的把社會規範保留下來。我舉一些例子：

為什麼百貨公司的廁所，男廁上印個煙斗，女廁印個高跟鞋？我又不抽菸，那我怎麼知道那是男廁？

到了麥當勞，垃圾桶上面又沒寫字樣，我為什麼要替它回收？

高鐵的電梯只有要求人們盡量往右邊站，騰出左邊讓趕時間的旅客通行。那我可不可以靠左邊「蹲」？

整個社會的約定由一大堆「不言而明」、「不證自明」的隱喻所組成，每個隱喻都代表一些潛規則，活在這個社會久了，自然會受到這個社會的影響，自然而然明白這些隱喻。這些潛規則透過符號表現出來，而人腦正是一個善於接收符號並且釋放符號的機器。

我把這個「隱喻」問題展演的更加詳細——

有一位中年婦人走到公車等候區，然後站在車道旁，望著迎面而來的公車。而後中年婦人頻頻望去，公車司機也果真放慢車速。最後，公車停在中年婦人面前，車門開了，司機望著中年婦人，上面的燈號寫著「下車刷卡」，中年婦人就走上了車。

公車司機未等中年婦人站妥，就立刻加油往前衝，過了兩站，中年婦人決定要下車，司機停下來，示意中年婦人要刷卡。

請問，中年婦人可不可以抗辯：「我們從頭到尾都未開口，我當時只是站在那裏，看到你開過來，我很好奇，你開那麼快，停得下來嗎？因此多望了幾眼。您卻把車停在我面前，還一直盯著我看，我以為你有話要跟我說，所以就爬上車，哪知道您就把車門關了，開始往前衝，也不管我是否有座位，更是不理會我說什麼，結果我叫了老半天，到第二站你才聽見，放我下來，等一下我還要想辦法回到前兩站，是你應該付我車資，不是我該付車資吧？」

您覺得這位中年婦人講得有沒有道理？

這位中年婦人完全忽略日常生活中的隱喻，似乎在狡辯，但請關閉所有的社會習俗與習慣，用中年婦人的眼睛、思緒跟邏輯去思考——她的抗辯中，邏輯是嚴密的嗎？是的。確實整個過程，雙方沒半個人開口說過話。隱喻是必須雙方都活在同樣的社會中，而且雙方都充分了解。但你能證明中年婦人了解這隱喻嗎？

中年婦人表達自己思緒的能力是清楚的嗎？是的。她清楚的表達了自己的論證過程，你要說她狡辯，其實根本無憑無據。但是要您接受她的說法，卻又很困難，因為她的說法與行徑，會跟您腦中的「社會隱喻」嚴重牴觸。

說得更坦白一點，您只不過用您的社會隱喻，包含社會習俗、日常習慣、經驗法則、還有你莫名其妙而生的憤怒感，在指控對方的嚴密邏輯論證而已。

話說回來，法律或行政命令上，有這麼規定嗎？沒有。如果訴訟，驟然關起門就大力踩下油門的司機說不定還會敗訴哩！理性上，很多人知道這道理；情感上，人們卻另外有一個相反的聲音。而這個相反的聲音必然是非理性的，無法用說理來改變它。我們只能用另外一些比較直觀的情境來凸顯它的荒謬性——

警察來了，一查，這位中年婦人原來是個外國人，她父親是亞洲人，母親是挪威人，她因此取得挪威國籍。她長年定居在挪威，是家股票上市的家族企業的前任總裁，但是她很早就退休，決定恢復背包客的生涯，如今已經旅遊世界七年，今年六十八歲。她長年重視養身，她好奇的跑到中國，努力學會中文，又輾轉得知有台灣這麼一個地方，於是跑到台灣來。這是她第一次來到台灣，第一次搭公車。

這個時候，請您再想想，這位中年婦人的說詞是否有道理？

要做出您最中肯的判決前，似乎應該先讓您看看另一個極端案例。二〇一一年，一位在挪威冷血奪走七十七條人命，而且犯後毫無悔意的恐怖殺手，三十三歲的布列維克（Anders Behring Breivik），審判終了，法院判決他最高刑期二十一年（編按：挪威沒有死刑和無期徒刑）。而這麼一位冷血殺手，在挪威得到以下待遇：

他將擁有包括健身房在內的三間個人專屬囚室，一間臥房、有報紙、ＬＣＤ電視、可自由對外撰寫書信連絡與使用電腦；有一間乾淨而寬敞的浴室；還有一個廚房可下廚。

此外，他的房門推出去，可以連到一間豪華的公眾圖書館，他可以可以自由借閱；另外一端，還可以連到運動室，有著健身器材、籃球架、室內攀岩設備。

而他一毛錢都不必付，就可以在這裡免費住上二十一年。

請問，用你我的社會脈絡，你覺得這樣的判決如何？

我想，絕大多數的台北人都會大搖其頭——像這樣的豪宅，只有夢中有機會相見。

而挪威人的反應呢？

「法庭內的受害者家屬則對判決紛紛表示贊同，一位受害者家屬表示，『我很開心，我認為他（布列維克）清楚知道他犯下的惡行。』」

這樣您應該明白，不同社會建立起的社會隱喻與符號系統的重大差異了。有些時候，根本就是匪夷所思的程度。

筆者將同樣的照片給身旁每一位朋友看，得到的反應有的是：要怎樣到挪威犯罪呢？有的是：把那傢伙引渡來台，不用關，大概他也會嚇得屁滾尿流。更有人說：世界佔人口比例最大的無神論組織在挪威，其實一點都不難處理，只要招待他們到台北來一趟，每個都會變得好虔誠：「求主垂憐，原來煉獄是真的存在的……以後我不敢不信主了。」

這只是玩笑話，宗教之事本來就不是這麼單純。但是兩國文化下成長的人士，對於人權的期待，想必會有所不同。

在一個這樣的國家，中年婦人上車後，預期司機會跟他討論要搭車到哪裡是很自然的，這時，她就會明白的反應：喔，司機要跟她說什麼？像這樣，她的行為還那麼難接受嗎？但是在此之前，你是很難想像的，在台灣，哪有可能司機會停下來慢慢跟你解釋？

社會隱喻一向是不會跑出來的，只有在不同社會的文化背景衝突時，兩個社會中的隱喻才會各自流露出來。

所以，老婦人認為司機開門看著她，是有話要對她講，以她的文化，完全是合情合理的，反而司機把門一關，頭一回，不再跟她對話，把車子就往前開，這才是非常無理的行為。

很有意思的是，儘管生活存在著從天堂到地獄的差別，卻不會引起全面性的、大規模的人口移動。語言也許是個問題，但是許多歸國學人的英文並不差，但是他們還是寧願回來，不想住在異鄉。沒錯，到處都是移民代辦公司，但許多人希望的，其實只是一個資格，而不是真正的移居他地。

這究竟是什麼樣的力量？讓一個人連歸屬感也改變了？當然，全部社會隱喻的加總，是一個重要的因素，因為它讓人非常輕鬆的生活在這個社會當中，無須去學習一個全新環境的隱喻。

事實上，我們已經非常深入社會性的核心了，也可以說是沉淪、沉淪、再沉淪，幾乎忘記人類還有另外一個「覺醒狀態」了——其實，您現在可能也會質疑，人類既然不能脫離社會而單獨存活，社會構成了我們生命中的每個意義，那談論「覺醒狀態」要幹什麼？

其實這是個好問題：我們早已沉淪在這個社會太深太久，而這樣的沉淪又有什麼不好？有任何覺醒的必要嗎？

有。

你快樂嗎？

你已經在社會給您安排的夢境裡面很久了。請問：這些年來，您快樂的時間居多？還是不快樂的時間居多？

如果您離「終點站」還有一段不短的距離，例如：十年、二十年的話，那這個議題就會變得很重要。因為您整個脫離社會宰制的時間，已經是時候了。

不管您是位高權重還是國事如麻，您一定找得到自我修為、自我提升的時間。至多，您不知道怎麼進行而已，例如：坐禪時，滿腦子胡思亂想；去上課，老師一開口就睡著，醒來剛好下課；去做禮拜，打開眼睛時，大家已經在唱歌。

也許你會覺得自己生來就是這樣，無藥可救了。可是我必須說，故事絕對不是這樣的。因為你曾經很快樂的。

至少，國小以前的你是快樂的。也許你現在什麼也想不起來，但是請你慢慢的回想：如果真的想不到，就從國小的校門是什麼顏色的開始想起，而放學時，你又是怎麼回家的？會經過哪些地方？

如果你真的想不起來，那我建議你放下書本，閉上眼睛回想三分鐘。

如果你能想到什麼，留著，那是你的「珍寶」，你的「本真自我」留下來的東西。

如果什麼也想不到，在後面修復的章節，我們會再來正式引導看看。

同時，回憶一下，當時的你，是不是就算有其他的煩惱，但是你總是很快就能忘記，在最短的時間恢復你的笑容？

請問您是怎麼辦到的？

當然，你一定不知道，除非，很早以前，您就開始與您的那段記憶開始對話，否則您通常已經遺忘了打開那扇記憶的鑰匙。

不過，既然你那麼小，就知道怎麼快樂，理論上，現在的你，應該更清楚快樂的方法囉？很有趣也很奇怪的，絕大多數的人都會說：不記得了。

鑰匙在你身上，你又沒弄丟，怎麼大多數人的鑰匙都不見了？顯然一定有小偷！

記得社會有一個特徵性嗎？沒有用處的東西就會被丟掉。愛情會帶來婚姻，婚姻會帶來生育，生育可以產生新的勞動力，那也是有用處的。

但是，這把鑰匙有社會上的用處嗎？

所以您應該知道它的去處了。

4. 社會邊緣

如果您已經離社會性的「終點站」不遠，那您的議題就多了這項，而且比「快樂議題」還要緊迫，更為棘手。

因為你必須離開這個社會了。所以，你有必要回憶一下，你當初是怎麼穿過這個「社會邊緣」的。

再強調一次——「熟年」是在指一個社會生活最後的一個時期，正如社會新鮮人的相反：一個是進入社會，一個是離開社會。

你應該不會忘記：要進入社會的時候，社會為您準備了好多不同的活動，讓您慢慢的適應，給了您好多的角色，很多的關係，透過不同的事件，一個接一個發生，也許剛開始只是學生身份，然後呢，慢慢的你變成了一個能賺錢的學生，有一天，您畢業了，您可以選擇繼續攻讀碩士或直接進入職場。兩條路似乎都很不錯。

最後，你選擇去應徵工作，變成了一位受薪者。這位沒經驗的工作者知道：自己需要歷經長期的努力，才有機會得到上司的賞識而升遷，經過工作幾年之後，您可能再次理解到自己所缺乏的技能，於是又回到學校，當起了學生。這次，您要的不只是文憑，您還要的是自己欠缺的知識。

如果您在校園發現了自己最感興趣的是研究，那你可能開始思考攻讀博士的可能；否則，您又會回到職場，繼續在工作中，尋找您發展的方向，偶爾，您也要面對一些外來的誘惑——例如：好友一群人決定投資創業，因為您有這方面的才能與人脈，而投資的金額也不大（但是樣樣都是你的血汗錢），您跟每個人都談過了，包括投資的金主們；他們堅信他們會成功——你信不信？他們要錢又要人。

有些時候，故事是相反過來的——你在礫岩中發現一顆拳頭大的鑽石原石，您找了信得過的朋友，或索性找了創投公司：人人被你的發現所震撼，全部敦促你必須要有行動。而行動，代表一段時間您除了公司以外，將會一無所有。您敢不敢賭？

就算「機會之神」沒降臨到您身上，除了工作外，您還會有私人的生活：所有你認識的人都在變老——包括你自己。不久以後，您將面對結婚議題。如果您不是富二代的話，您得思考如何買得起住得起的房子，有還可以的通勤動線。除非你們打定主意暫時不生或以後都不生——寶寶呢？

不管是雙薪家庭，由父母來幫忙、或者由外佣幫忙，您的生活勢必改變更大。你在社會中的脈絡越來越多。一樣的，別人也會跟你們同時有一樣的想法，所以你們的紅包將會包不完，成為沉重的負擔。

如果你們能發展出一個模式，成功的度過這個負擔，而這個家族系統，又能夠在工作或其他領域獲得某些高階人士的賞識，而賦予一個更高的角色——原有的停滯狀態就會消失了，不管男性或女性都會因為被期待而更感覺到自己是有價值的感覺，也更願意為此付出更多的努力。原本您可能在低潮期想要歸隱的山林、田園，現在都跑到太平洋海溝裡去了。

一個符號，一個隱喻，就可以讓一個社會中的人，完全忘掉他自己是誰，他先前在想些什麼。

社會的發展

讀到這裡，不知道有沒有人想過：根據達爾文的說法，社會的存在，必然有其功能，那「社會」會發展成為這樣，究竟是為什麼？而以前的社會並不是這樣的；其他的國家的社會也不是這樣的；那我們的社會為什麼是這樣的？

基本上，這問題太廣，沒辦法在這裡回答，但我們可以從一個地方來觀察我們熟悉的社會：

一百多年前的「私塾」，後來去哪了？

社會終結了它，因為「私塾」不能達到「量產」的目的。

在尚未成熟的社會裡的社會，一樣不容許小孩在家裡向父親學習他的技能——長久以來，最有效率的非文字性技藝性學習，通常是由世代家傳的，因為從小耳濡目染，要轉移最快；但這不符合工業化以後的社會結構——只有大學除外。

大學是創建於西元十三世紀的，跟其他各級學校通通有著不同的根源：

大學原初的設計，根本就不考慮就業問題。大學成立的過程中雖然從未明言過，但是以它的設計原則，早就隱含了：大學是人類窮究宇宙萬物道裡的地方，不是給你學得一技之長的地方。如果你還有餬口的需要，我們會建議您先想辦法先找到長期飯票再說。

大學的成立之所以偉大，是因為它揚棄了當年「貴族」與「貧民」的想法。你只要進得來，愛知識勝過財富與權力，你就可以進來。

回到主題。其他學校的發展，包括技職系統，都是為了幫資本家尋找一致性的「良好工人」。

可惜，從資本主義開始所發展的社會，新鮮人部份，因為充滿未來性，所以要小心又小心，他們還有很多利用價值；而「熟年」呢？抱歉！都要退休了，能給你退休金拿都已經很賞臉了，其他都是後來修正的「社會安全主義」發展的保險制度的各種給付。

即便醫學發達，人的生活品質大服提升。但是，強制退休年限有什麼延長的可能性？公司利潤越來越低，有優退就要高興了，以後乾脆直接資遣，而且年齡層越來越早。高階的熟年期也許還能維持個五年十年，一般的差不多都在倒退了，事實上，就算政府延長強制退休的年齡，你的部屬們可能也沒有耐心再等待下去，他們需要有新的位置再度啟動他們往前進的力量，好，你該離開了。

在過去，醫學還尚未延長生理性壽命以前，熟年退休跟老年、跟死亡是很緊密的連結。退休之後，人不需要思考太多，因為反正離大去之期不遠矣，種種花、弄弄孫、喝喝茶、跟鄰里朋友聊聊天、散散步，人生就可以結束了，但是自從醫學的進步讓生理性的年齡大幅增長後，那請問，社會性的壽命有辦法即時、立刻跟著延長嗎？

根本不可能。

一個社會性的東西，如果從強權殖民另外一個地方的話，通常也得經過兩、三代，這個被殖民的文化才有可能慢慢的習慣而且昇華到這個地區的文化內容裡面去，而且這是順利的時候——如果不順利的話，那恐怕要更久的時間。

資本主義的社會與國家都非常樂意改變社會性的觀念，讓生產力可以追得上生理性的壽命延長，然後資本家利用國家機器，制式化地強迫社會人再度學習與再度工作。可惜，就是沒辦法。

國家可以歸定：廢除「強迫退休年限」，學士、碩士、博士學位自五十歲起，每六年必須延展一次，一次六年（任職於學院或大學副教授以上者除外）。這些都很容易——但是，當你看到某大企業的研發長又跑去上補習班，因為他要延展博士學位，社會觀感如何？如果全部企業（假設美台都實施）都不理會這規則，他們的社會地位會因此稍有撼動嗎？根本不會。

一個社會的文化在改變的過程是如此的漫長；用另外一套話來說，我們社會中的隱喻的延伸之所以可以拉攏住一個人、不想去接受另外一個社會、會讓人有歸屬感，其實不也是如此嗎？在隱喻其中，他受到嚴密保護。因為這隱喻是歷經多年的演變，最後才產生的。

即將到站的列車

社會在最後的一個步驟，也就是將熟年的人「去社會化」，雖然很冷酷，雖然直接了當把曾經賦予交辦的權利給收回，雖然直接了當的把曾經擁有過的知名度、信用給收回，社會一樣幾乎不太考慮當事人怎麼去思考，因為社會是一個非常自私自利的一個生命體。

社會是一個衍生於資本主義的一種物質，它在意的是它生產出來的人是否有辦法為資本家所用，而對於一個再也沒有用處的一個老年人，或者是中年退休者，社會就很乾脆的不再給予意義了。

當然，這不代表你會跟這個社會完全沒交集，只是你會越來越發現，你不再屬於這個社會。

所以，在這個章節當中，筆者完全沒提及如何避免「社會控制」之類的議題，因為對於「熟年世代」，就是要「去社會化」的最後一個階段，我們根本不需要警告您：「如果不準備好離開熟年世代，就會怎樣又怎樣。」因為您憤怒也好，嗤之以鼻也好，完全無作為也好，嘲諷到底也好——不管您怎樣都好；也不管您在熟年世紀的哪一個階段——反正，終點站早晚會來臨，鐵軌有一天會駛盡，列車終將停駛。

退休後，現在所擁有的頭銜、知名度、影響力都會逐漸消失。當然，我說的是逐漸消失，不會「馬上」，因為要等到下一個人取代你的位置，你的時代才會完全終結。但是你的夢境會立刻破裂，一切回歸到真實世界。

除非，您剛好是億中選一：您的某些特質，剛好成為民眾造神運動中的對象，例如：賈伯斯、貓王等。否則，您的結果大概就是這樣。

所有的品味，所有的稱讚，所有人的恭敬，所有人們的讚美，其實很多來自於社會的影響，但是社會如今不需要你了，所以一旦一個人的「社會性」被抽得乾乾淨淨，就算想不覺醒也不行了，非得覺醒不可。

換句話說，人一旦覺醒，就得回到尚未社會化以前的自己，就像三歲、五歲的自己，你得慢慢學會用自己的力量幫助自己存活下去，而社會已經沒有辦法再給予你什麼東西了，因為在社會的名單上你是一個已經「退休」的人，而在自然的名單上，你是還要活很久的人。如果你還要活四十年，但是你在社會上你所有熟悉的位階都不見了，那你怎麼辦？

答案是：不怎麼辦，你會回到本真自我，而我們會開始學習，如何從本真自我開始自我成長。

去社會化

有一些人在「熟年世紀」末期，會非常英勇的說一些：「英雄當死於壯年；美人當死於紅顏。」等的話。事實上，我所見到的，幾乎沒人敢這麼做——本真自我是高度務實於社會自我的，在熟年世紀所思所想的一切，對於本真自我而言，都是相當莫名其妙的。

筆者想到一種類比於本真自我的生物：老鷹。老鷹是食物鏈的頂端，它懂得尋找並利用上升氣流，扶搖直上；它有極為敏銳的勢力，可以在空中巡航，當它發現獵物時，會快速下降，精準捕捉獵物，而後立刻回升，避免遭到其他地面動物攻擊。

相對的，它是一種孤僻的動物，它並不需要社會的集體行動，不需要爭奪社會之中的各種名譽與價值，它沒有太多的符號與隱喻，而它的力量，則是維持它生存的唯一保證。

在人類當中，比較接近的，似乎是西元前476年羅馬城陷的「日耳曼人」，他們不為誰而作戰，他們只為自己的生存而戰。有趣的是：就一位「熟年時代」的社會菁英而言，在遭到社會的拋出之後，他的感受就會類似，羅馬共和時代的千夫長，羅馬城陷後，一夕之間回歸為，僅僅是一個東哥德人。

掌握局勢，不要讓局勢掌握你

您想學習在「去社會化」之後，繼續活下去，甚至發展出第二個人生高峰嗎？我們很樂於幫助您。但是，您必須要有一個體認：有很多您熟悉的價值觀，尤其是東方男性特有的價值觀，必須被捨棄；但是同樣的，很多女性的價值觀一樣必須被捨棄。

「本真自我」的價值並不是由其他人的目光來定義的，只有你能定義自己的價值。符號也一樣，定義者就是你。乍聽之下，好像很容易，又很抽象，具體一點來說，到底是什麼樣子呢？

假設您是一位國寶級的陶器大師，您決定在有生之年，做出一個真正能代表您的作品。

您努力再努力，怎麼做都不滿意，終於在二十年之後，到了您七十九歲時，您完成了您的曠世鉅作。剛好，您的生日也接近了，政府相關單位決定全力配合，將您其他早期的作品，搭配您的生平記錄與照片，舉辦一個您的成果展。

毫無疑問的，您的最新力作是整個展場圍繞的中心。在展出之前，是保密到家，人們只知道，您用了三種全新的技法，幾乎改寫了陶器製作的傳統方式。

而且，一位文字記者獲准參觀，她只能報導說：「我採訪藝文新聞十幾年，這樣的設計，我已經不知道該怎麼形容。」

然而，就在開展的前一天，一位工讀生卻意外把您花了二十年的作品打碎了。所有人都嚇呆了，每個人都望著您。

請問，您要怎麼反應？

這就是您的「本真自我」。

5. 五十年有期徒刑

我們說過了，社會這班列車終將靠站，不管你怎麼努力，熟年時代一定會結束。結束的時候，大多數的人剛好落在生命的中年，少數人落在生命的老年，也會有部分人士基於某些原因，落在壯年時期。

不適應是必然的。不然這本書就沒有寫的必要了。我們希望您接近熟年也好，已經離開社會狀態也好，通通能夠提升自己的抗壓性，不要讓這個世界的真相，三兩下就把你壓壞。

放心！我們假設您長年以來競逐於名利，或是不斷犧牲自己為別人而忙，從來不曾思考過自己，換句話說呢，您在職場上、生活上也許是個專家，但是在面對自己以及保護自己上，您卻比不上一個嬰兒。

您要快快長大，因為世間的種種是不等人的。不過請您保持一個非常重要的心態

——「真誠」。

在「真誠」面前，善跟美跟本就不算什麼，中文字透露了這個祕密：你不妨試著在真善美後面各加上個人——「美人」，顯然地位不太高；「善人」顯然好了很多；但「真人」呢？

請您在探索這個本真自我的世界時，務必保持「全然真實」的狀態，就算話語很俗鄙，但只要它是真的，那我們就只好接受。世界上沒有善意的謊言，善意的謊言還是謊言，日後還是得花十句謊言來遮掩那個虛偽。

那既然這班列車就要靠站，我們終將回到本真狀態，現代醫療帶來漫漫長日，卻沒告訴你接下來應該怎麼做。在我們學會存活於本真狀態之前，我們得先來認識一下你自己，不然往後的「五十年有期徒刑」，可有你們受了。

現在你眼前的這個世界，也許看起來根本沒有什麼不同，但是他們活在你心底幾十年，你從來沒看到他們。現在，第一個社會已經因為年紀因素，拒絕你入場，那你只好真真實實的活下去，搞懂這一切。

這是誰搞的？

請問：您叫什麼名字？

如果您改過名字的話，那我們指的是最早、沒有改過名字的原初的名字。另外，我們只是想請問：您知不知道自己叫什麼名字？這樣就夠了（並非要替您算命）。

我相信：您應該記得，即便是日後遭到重大心理創傷事件，您不願意再使用這個名字，但我仍舊相信：您的生命當中，曾經有一大段時間，您跟這個原初的名字是完全相連的。相連的程度有多高呢？高到有人喊著這幾個字，你會立刻醒過來；高到如果有人喊著這個名字，旁邊還有人喊說「還錢來」——你會立刻拔腿就跑。跑了一大段之後，你才會慢慢想起來：我根本沒欠人錢啊！找的應該是同名同姓吧？但即便您一開始就想到這點，您還是會先跑再說。

如果您從來沒換名字的話，那您原初的名字會代表著您一直到現在：您用自己名字開的票，您給錢給得天經地義；您用自己名字跟其他人簽訂的契約，您這個「人」可要去遵守。如果您在公開場合罵別人，被告上法院，公然侮辱罪成立，雖然只是拘役二十天，刑事附帶民事庭判你侵權行為損害賠償五萬元，不會給你留下前科，除了付錢以外，也不會怎樣，你的「人」完全沒事，但你的「姓名」就會乖乖的留在判決判例線上查詢系統，只要有人查，隨時會跑出來。

倘若不考慮人與人的關係時，您與「您的名字」恐怕是在這個世界中最親的一對。有福同享、有難同當。

但非常奇怪的是：這個最原始的姓名是你決定的嗎？你怎麼會跟它這麼要好？你從什麼時候開始跟它那麼「親」呢？更奇怪的，似乎每個人都能接受：它就是代表你，你就代表它。而且何時何地，哪些動作該對你做？哪些動作似乎該對你的名字進行？

例如：拘提的時候，絕對會來找你；不會因為你請一位「大師」用黃紙寫了一張您的大名，警察就會拘提這張黃紙，而不是你。

假設，要是您實在很偉大，榮獲諾貝爾和平獎，偏偏因為您是中國的異議份子，被禁止出席領獎。諾貝爾和平獎會很困擾，因為您無法出席而導致頒獎過程無法順利進行嗎？不會。因為他們只要知道您的名字即可，不需要人親自到場、讓人用一支筆在你額頭寫上「諾貝爾和平獎得獎人」。

可是與您這麼親密、親密到根本就是一個人的一對，兩者的來源可是大不相同。早在你出生之前，你的「名字」可能早就取好了；而取這個名字的算命仙，如果那天吃壞肚子跑廁所，請人代班，或者爸媽心血來潮，你可能就有一個截然不同的名字！

這個宛若跟你換了投名狀的名字，在被「別人」決定給你以前，跟自己是半點關係也沒有的——偏偏，一旦「別人」點頭，你就是它，關係可能是一生一世，至死不渝。

想想，不覺得這過程近乎兒戲嗎？

據說他們是你的父親與母親

不久後，在你開始能夠理解與記憶之後，開始有一個人，「據說」他是你爸爸；另外一個人，「據說」是你媽媽。

你無法證實。因為從一開始，他們就這樣說，而且每個人都這樣附和，所以你也就接受了。據說，爸媽是一種具有魔法，可以把你生出來的人。可是不管你怎麼問，他們始終不會告訴你他們是「怎麼辦到」的。而且每次你問，他們就面露困窘的表情，彷彿你的出生很神秘似的。那你出生以前的事呢？他們更不見得要告訴你了。

你可能有一些兄弟姊妹，據說也是你父母生出來的，但是，他們也都不知道他們是怎麼來的？長大一點，大人告訴你們，這個問題很無聊，家裡有很多事情要做，沒有時間去問這些蠢問題。

你甚至可能會問：那我來到這裡，是要幹什麼呀？

一樣的，沒有人會給你答案。

不過，你能問的時間有限了。你可能在不久的將來，就要背起書包上學去了。你也可能再過不久，得開始幫一點忙，分擔家事了——甚至，你根本就沒機會好好的發問，因為三不五時，爸爸媽媽就會面對面大吼，鍋碗瓢盆亂砸，然後爸爸開始打媽媽，媽媽哭著跑出去，爸爸開始喝酒，醉個好幾天，你們連洗澡都得從他身邊爬過去。

很有意思的，在爸爸媽媽開始吵架時，你可能躲到床底下；可能抱著渾身發抖的弟弟——雖然自己也渾身發抖；但也可能跑到他們吵架的地方，偷看他們，又不敢做些什麼；甚至您會試著想跑到外面找大舅來幫忙——

對於一位心理治療者，這些都是**重建當年心理現場**的重要根據，有太多的資訊保留在這裡——您選擇了什麼，可能會改變您往後幾十年的生涯。

但現在，這不是重點，重點是：你的人生會走上哪條路？
不知道。
你的環境許可你有什麼樣的未來？
不知道。
那你為什麼會出生在這樣的環境？
不知道。
面對這樣的環境，你為什麼會有這樣的反應？
不知道。
你為什麼會有這一身遺傳？
不知道。
你為什麼會遇到這些教養？
不知道。
你為什麼會遇上這些環境？
不知道。

現在的醫學，往往強調遺傳因素、後天教養因素與環境因素——糟糕的是，沒有

一個因素是你能決定的。

許多個案在會談室中，終於被解開身上背負那沉重的「孝道」枷鎖時，宛若溺水的人用盡全身力氣講出來的第一句話：

「是啊！如果可以選擇，我才不希望他們把我生出來！」

來不及了

很可惜，你不能選擇，所以你被生出來了。

善意的謊言也是謊言，謊言不會因為善意而變真實，而真實是：因為你父母在過去的某一天做愛，結果一切生理狀況都剛剛好，週產期還算順利，臨盆時也算成功，結果就有了你。

你父母絕對不是因為將來你很可愛才生你養你的。

你父母也不是為了表現自己偉大而神聖的父愛母愛而生你養你的。

你父母更不會是您在當小天使時跑來他們身邊，拜託他們生你的。

你父母極有可能，根本不知道為了通過產道，你的大腦神經刻意尚未發展完全，讓體積小一些，等到出生後，才快速繼續完成腦部神經結構，要快到一歲，你的大腦才能讓靈魂進來住。

你父母非常有可能，完全不知道你的小手、小腳、小身體是怎麼發展出來的，更不知道它們揮舞的動作，正在刺激他們大腦額葉中，早就燒寫好的快樂本能，所以他們會被你的動作逗得很開心，而且莫名其妙的一天比一天更愛你。

對於二十世紀初期的存在主義哲學家而言，你根本就是被扔進來的——亂七八糟、沒有準頭、沒有目的、沒有方向、被莫名其妙扔到這個世界裡來的。

所有參與者與協助者也都莫名其妙。他們並不明白：**到底上帝（或其他）把你扔進這個亂七八糟的世界，是要幹嘛？**

前面提到，人類的存在特徵，是「存在先於本質」。只要還沒死，你的歷史定位就還不能蓋棺論定。

所以突然冒出一個什麼也不會的你，你是存在了，但是並沒有本質，除了餵食你、替你換尿布、替你洗澡、從你的表情和哭聲中猜測你到底想幹什麼以外，別人還真的不知道你的「本質」在哪裡？

漸漸的，當你長大，破壞力也會越來越驚人，能捅出的婁子也越來越大。但是，還是沒人知道你來到這世上是幹什麼的？

東方的父母很容易把自己未完成的期待加諸於子女身上，但是，如果父母用的是無條件的愛來對待子女，那就不應該把自己的期待放在別人身上——即便是自己的兒女。

終究有一天，這個社會會要求你開始負責任——為你所做所為負責任。**沒錯！你是被扔到這個世界的，你什麼事也沒做，但是你就是得負責任。**

起跑點就不公平的世界

有人一出生，他的努力起點就是別人終身工作的終點。

有人一出生，他的父母親兄弟姊妹就在公路上被一輛打滑的聯結車切成肉泥，只有他因為違法被單獨放置在車上而留下一命。

有人的列祖列宗個個出身寒微，當了一輩子農夫，就只留下敦化南路一段一小塊田地下來，後人也不敢賣它，於是有一天突然發現自己變成了暴發戶。

有人一出生，父親就殺了母親，她早期生命的大部分記憶，就是她父親的姘頭把她賣到水果寮，一次五百，她拿十元。唯一的一次逃跑，除了被吊起來打，還被十幾個醉醺醺的男人一起上。等到她父親假釋出獄，第二天就被親哥哥帶人砍了一百多刀，死在當場。連水果寮的人也都殺光了，她逃了出來。一位優秀的獲獎女企業家用無比平靜的語氣敘述出這段故事。

有人一出生，他身上就因為一個基因出了問題，無法製造紅血球，只好從小每週都到醫院輸血，輸血到老死；而新陳代謝下來的鐵質，卻會在身體到處做怪，跑到心肌，心臟就要壞死；跑到胰島，兒童時期就會糖尿病；清秀的一張臉，沒幾歲到處都是一點一點的鐵質沉積；內分泌破壞了，不但長不大，而且女性的月經週期也不見了。為了避免鐵質做怪，唯一的辦法就是天天在肚子的表皮層打排鐵針，一直打到第二天天亮。

是的，他們每一個人都可以大喊：「不公平！」

當他們被扔進這個世界時，只有少數人能掉進令人稱羨的地方；大多數人都落在各自有委屈不足的地方——事實上呢？所謂「令人稱羨的地方」，不過是另外一種以生命為祭品的地方——因為，在這些地方，很多人喪失了不幸福的權利，他們只能接受他人異樣的眼光，而心中的話，永遠沒有人可傾謊。因為他們只要一開口，「你身在福中不知福」這句話早就等著他了。他不管遇到什麼，他都必須幸福，必須快樂，必須知足，必須感恩，必須像個神經病一樣，說著口是心非的鼓舞、激勵人心的話，做著連自己都高興不起來的「正向行動」。

上面的每一位，我都實際見過（內容都已經過修改）。

他們被丟進世界的時候，都沒有機會做出選擇，也跟你一樣，完全沒機會抗辯——但是，他們必須接受，而且，必須為自己所分配到的命運負責。

如果他們不願意為自己的命運負責，有些人會跳樓，變成一攤肉醬；有些人會成為滿身鐵斑的乾屍——然後在第二天引起一點點的騷動。如果當天有大人物貪污的話，恐怕連有線電視台都不會播，只會在跑馬燈打出幾個字，然後就沒了——那跟年輕人想像中的「死」完全不一樣，對於熟年人而言，那是一種很難言喻的感覺：前一刻，這個會動、會思考、會講話、會回答的生命還在眼前，瞬間，它就變成了一個屍袋裡裝著的東西。

所以，今天你能看到的一切，都是清清楚楚的：**他們的存在是荒謬至極的，完全不合理，但這就是事實。你只有兩種態度面對這個事實：不甘不願的接受；或是心甘情願的接受。**

這一切都是過去式了，但是面對生命的質問，你不曾回答，它就會繼續停留在那裡，等待您的答案。

理論上，如果您已經就是或接近熟年，您應該已經對這個生命中的質問做出回答。但如果您尚未離開社會，還在工作崗位上，那麼社會中的各式活動，都在避免您對於生命本質的思索——因為這些思索對於社會所需要的「生產力」沒有任何幫助。

如果您位高權重，或是不小心陷得太深了，您很有可能根本來不及回答，就走完了一生。如果您從未思考過這個問題，您早晚還是必須對這問題做出回應。因為本真自我不能不對自己被投擲的事實，做出一個答案——無論這答案是否令自己滿意。

6. 被丟到這世上的你

上一章所談的，哲學家稱為「**被投擲性**」（Geworfenheit，海德格語）。顧名思義，就是你出現在這世界的方式，就好比是被丟進來的：沒有道理可循，沒有章法，沒有規則，沒有理性。當然，這會跟一些重要宗教的說法發生牴觸，我會在後面處理。但是，不要忘記：

人類存在的樣態，就是不斷的選擇，不斷的改變，而這些改變將形成他的本質，最後在人死亡的那一刻，方蓋棺論定。

現在矛盾發生了。一個有無限自由的人，卻被禁止「提出選擇」，他只好繼續在能力所及的範圍內，把自己丟向「未來的某一處」。

莫名其妙的是：你對未來的那一處一無所知，你唯一憑藉的只有過去的經驗、別人的經驗、還有運氣。糟糕的是，這次是你的選擇，所以似乎你必須負責任。但是關於未來，你真的一無所知啊！如果你的選擇日後證實是錯的，你能為自己辯解：我當時怎麼知道嗎？

不行。人們會說，決定權在你身上，那你為什麼不查清楚，事情絕對會有百密一疏的，而你卻沒注意到，因此做了這個決定，也才做了這個選擇。而這個選擇，明顯改變了你的人生，你必須為自己的「錯誤」負起全部的責任！

這個歷程，其實充斥了您的一生，哲學家稱之為「自我投擲性」——就是在資訊完全不明的狀況下，把自己向未來拋出去。

我很衷心的請問每一位讀者：你在投資、在選擇職業、在選擇專長、在選擇伴侶上，您敢這麼瘋狂嗎？

說實在話，筆者也不敢，包括筆者所有問到的人，通通不敢。問題是：本真自我就是用這種瘋狂的方式在前進的，那該怎麼辦？

躲進社會裡，這是一種最為常見的方式。偏偏，社會透過繼承等技巧，一樣會有高度的不公平，但至少社會是開放的：只要你有本事，它不排斥分享一些權力與財富給你。

但除了社會這個解法呢？

我們必須承認：「被投擲性」與「自我投擲性」是一個無可改變的事實。大量的憤怒、悔恨、懊惱、遺憾、緊張、沮喪、自責等等負面情緒，幾乎都來自這組本真狀態下的困境從來不曾得到解決。

更糟糕的是，內部的動力之強，偶爾興起的大規模衝突，甚至會貫穿蓋在上面的社會性，而直接挑戰到沉淪狀態時的人心。我們絕對無法一一勝數，所以只好就大規模的、常見的與影響力深的幾種，來做一些簡單的介紹。

存有性的焦慮

「自我投擲性」是相當高效率的「焦慮產生體」，那可真的像盲人騎瞎馬問道於盲，怎麼叫人不心慌？

即便社會有效率的阻擋了這些焦慮的進攻，偶爾，這些焦慮還是會穿透過重重的保護，直接命中您的內心。

這時，您會感覺無來由的害怕——明明所有您認識的人都在很安全的地方，明明你確定每一件噩耗都不可能發生，但很奇怪的，當你越確定一切是很安全的時候，你越是反而感到恐懼，覺得寧靜的狀態實在太不尋常了。

您會像個不放心的稽核員，一塊磚頭一塊磚頭撬起來，檢查裡頭是否有什麼不對勁，不然你為什麼會變得這麼神經質？

當你去看精神科醫師，或者您更慎重其事地去找心理醫師，經過分析，你會發現：什麼也沒有。那這個壓力源怎麼來的？

筆者不敢說百分之百必然是，但偶爾的成因，是本真自我的「存有性焦慮」穿透出來，穿破社會性的保護，直接干擾到您的生活了。

存有性的斷裂與孤獨

人類生而孤獨，也在孤獨中而死。

由於有了這個社會，所以人們可以呼朋引伴，可以透過集體意識的作用，將個體意識的各種焦慮給分散出去，甚至，到現在還是有非常多的商業性自我成長性團體，利用團體力量的技巧，把參加成員的困擾給消除掉，然後收取相當高價的費用，其中不乏相當有知名度的組織。

不過，不管是哪一家機構，使用的原理都是大同小異的：固定次數的課程、集體小班式的上課、鼓勵學員在正式課程中彼此認識——或者根本就有課程是設計來讓學員在短暫時間內認識一定人數其他會員的。

像這類的課程，都設計得有一定的難度，但剛開始的時候，要完成使命，並不會太困難，因此，課程本身就幫學員「創造」了第一個「成功經驗」。之後，必然會有團體內的成員心得分享。由於個人是與一群人一起完成任務的，革命情感會油然而生，開始凝聚這個群體，同時也讓每一個人的心扉打開，然後彼此分享喜悅的感覺。

接下來，原本是你一個人孤零零的掙扎，現在就變成一小群人的同心協力了。隨後會有一個比一個越來越難的考驗，團體與團體之間的競爭也會越來越強，但是團體所受到的壓力都控制在清楚「讓每一位成員感受到」到「團體無法承受而瓦解」之間，而必要時，也可以請先前幾期的受感動最深者，加入其中演說或鼓舞，激勵人心。

而每一次的關卡，團體雖然有先有後，但是都終究突破了難關，這帶來的成就感，又會讓成員進入一種「狂喜」到「輕躁」的階段。最後，高潮會在情緒到巔峰前結束，而人心會存在於「人工的」「非藥物性」創造出來的輕躁性、擴張性狀態，宛若喝醉酒，人我界線下降。

整個會場會以「愛」來詮釋這一切，而將所有人結合在一起。

這類課程都強調意志力、團體與愛的結合。它與傳統個別心理治療、團體心理治療、心理劇等等最大不同的地方是——前者是收了費，而後讓你體驗一次融合在意志、團體合作與不藏私的體驗營，它並不處理你原有的內在問題；而後者是針對原來的問題試圖解決的，它所有創造的東西，都必然是為了解決問題而暫時性設計的。

讀者也許困惑：我花篇幅講述這樣一種團體的模式幹什麼？答案很簡單。這類所謂「自我挑戰」或「自我成長」的課程，無分中外，廣受上班族與熟年族的喜愛，這意味著兩件事：

第一、人類的社會生活不斷遭到「**存有性的斷裂**」所攻擊，莫名其妙的孤獨感永遠揮之不去。

第二、人類不願意面對自己，寧可創造出另一層更深更美的夢境來安慰自己。

第二點已經在前面有所提過。如果它可以一直有效下去，那也不壞——但是，讀者沒發現嗎？透過團體的力量來對抗存有性裂解，跟吸毒實在沒兩樣。當您第二次再參加，所有的套招您都玩過——您會開始感到無聊，參加次數增加，效果卻快速減少。

現在，我們要專注在所謂「**存有性斷裂**」這件事上面。

我們不知道怎樣說明「存有性斷裂」。它似乎是一種日常生活中無緣無故的深層「存有性」突然翹班，不跟現代社會中的你保持一致性。尤其在你很累、沮喪、憤怒完畢、極端無奈之後的幾個小時內，很多人說：喝杯酒、睡個覺，起來就沒事了。

「存有性斷裂」一出現，特徵就是：**體驗到一種突然出現的無意義感，原本要衝刺的力量突然都消失了，原來的規劃、原來的連絡計畫、原來的方向、與原來的熱情，突然一下子都被抽光，自己變得很孤獨，不想動，只知道事情做不完，但就是沒那個心情去做。一切都變得很難而且很煩，而自己好孤獨，沒有人可以幫你。**

其實，我們很容易同理那種感覺：你來到人間的第一秒鐘，不都是無助的嗎？死前還有意識，但你完全不能動，生命中大多數的事都可以別人陪伴，就是這些只有你能自己去面對。而熟年時期，正好是折返點，你回頭一望，不管是新生還是死去，你望見的，都是你的「孤獨」。

這種狀況出現時，其實就是憂鬱，但是還在「正常範圍」的憂鬱狀態。要是維持太久——一般只要兩個禮拜，就可能惡化成「憂鬱症」，但是除非有其他原因，或者同時爆發其他傷害事件，否則單就存有性的斷裂，罕見出現「憂鬱症」的。

通常，除非生病，否則時間不會太長久，但沒有理由出現這樣的一個「暫時性故障」的情形，到醫院檢查，大概醫師最多只會給「憂鬱症」這個診斷，因為不給診斷，醫師無法開藥。但你回家之後，很快就會發現：就算沒吃藥，也不會怎樣啊？

這是哪門子的憂鬱症？其實，想一想，你剛來這世界的幾個月，跟你要離開前的幾個月，不都是孤獨的嗎？你會有個短暫茫然，不用怕，那是正常的。

存有性的失落

失落議題，往往貫穿人類的一生。

愛情的失落、信任的失落、期待的失落、擁有的失落、價值的失落、意義的失落，任何事物都可以成為失落的對象。

而偶爾可見的，卻是來自存有性的失落。這種失落，是看不到對象，找不到原因的。

它的出現與消失一樣突然而不可預測——那是一種瞬間「空掉了」的感覺，在人群中，熱熱鬧鬧的氣氛，不知怎地，突然就與自己沒有關係了，愉快的音樂與舞蹈，彷彿都跟自己一點關係也沒有，華麗的裝飾宛若是假的般，沒有真實感，即便理性上你非常清楚：那是真的，但就是無法讓你感覺到有一種真實的存在感。

最嚴重的狀況是：周遭人事物的存在對你完全失去意義，你依舊感到無比的不真實。

「他們只是一群活的假人而已。」有人一語道破整個關鍵。

「我就站在一個看似很像我家的的屋子裡，好幾個跟我朋友一模一樣的人來關心我，理性上，我知道他們真的是我的朋友，但很奇怪，我就沒辦法有那種被撫慰的感覺。我們就在一個小屋子裡，按照某個腳本演著一齣戲，連話語都那麼地不自然。可是我也知道，這一切只是我的感覺——沒人在演戲，大家都實實在在的過生活，也實實在在的為我而擔心，可是，感覺到那些事物的厚度都不見了，變得很單薄，而原本的實體呢？不知道為什麼，通通都不見了。」

這是一位飽受「失現實感」症狀困擾的個案的描述，但很有意思的，她所說的，剛好符合存有性失落的狀態。其實正確來說：應該是體驗到「存有感失落」的人比較少，頻率也不高，一樣不影響社交、工作的能力，不能稱得上是一種病。

相反的，「失現實感」雖然也不是病，它卻是某種「症狀」，暗示著某種疾病存在的可能。

通常，存有性失落會突然出現，沒有原因，沒有理由。你的日常生活依然能夠繼續進行，過了幾小時到幾天，又莫名其妙的消失。

終將來到的一天

不管您工作的再忙碌，不管您把「本真自我」埋多深，上面提到的一些現象還是會不斷地冒出來，也許是在午夜夢迴的時刻，也許是在完成一件大案子、突然閒下來的時候，甚至只是突然看到一張泛黃的相片裡，那個逢年過節會帶著一家妻小回來見爺爺奶奶的孩子，也曾經只是抱在自己太太胸前的小嬰兒。

所有的感覺會在那個時候再度回來亂了您的心——事實上，那些都是您的身體想跟您對話的嘗試，如果您不回應它，您的身體也不會怎樣，繼續默默的為您付出一切，直到某年某月過去，才會再度善意地提出對話的邀請。

當然，絕大多數人在面對身體的邀請時，採取的方式就是讓自己更忙碌，讓自己更聽不見這些聲音。只要能夠成功地忙得忘了自己，那麼前面所說的一切問題自己就不必去面對。

但是，終究有一天，在熟年的末尾您會發現您再也不能用「工作」這個理由叫自己的身體閉嘴了，您必須誠誠懇懇地去面對您自己，因為社會已經不再需要您了，用世俗的話來說，就是您必須退休了。

但很有意思的地方是，被您遺忘了這麼多年的「本真自我」，在離開了社會賦予您的意義之後，您要怎麼走下去呢？很多人選擇改行當「病人」，本來無病無痛的身體，一夕之間，渾身是病，為了治好它，所以看醫生就變成了很重要的工作；有的人乾脆就不退休了，用世俗的話來講，叫做退而不休：名義上叫退休，但實權繼續掌握著，活動更多、日子更忙、權力抓得更緊，更殘酷地虐待自己，來讓自己的身體繼續保持靜默。

但是人生就只能這樣過嗎？面對自己是一件永遠不可能發生的事嗎？在後續的章節裡，我們會開始探討熟年時期的困境；而在更後面，則會探討在人生的下半場，我們有什麼更好的方式去面對？

此刻就看看下面的這一段文字，您覺得人生有個這個樣子的句點會很糟糕嗎？

去找一朵紅玫瑰

去找一朵紅玫瑰。趁著清晨，雲淡風清的時候。這是花兒最美的時候。

你看見天邊的太陽嗎？是什麼顏色的？有七彩絢爛的雲朵嗎？還是刺眼的陽光？空氣應該不錯吧？可能還會有梔子花的香味。

小心有刺。拿好。花兒美麗嗎？幫我算算看，它有幾瓣？上面有露珠嗎？就是那種晶瑩剔透的光芒。聞聞看，香不香？那是什麼味道？你想到了什麼？

山崗？滿山遍野的金萱與翠綠？野百合？飽滿豐碩的林投？一瓣一瓣的，熟了後，煮了吃，味道不錯喔。有沒有見到山下那一排小攤販，那個橙色帆布的小店，它在賣冰椰子，它也有林投茶喔！

你看見大海了沒有？是有白淨細沙的海灘，還是巨石嶙峋的岩岸？不管，看看那碧海藍天，聽到了什麼？除了海濤，應該什麼都沒有，那麼，就脫下鞋子吧！走過去，找片溫潤的沙地，讓白浪蓋住妳的腳。這時候，應該聞到了吧？我記得是鹹的。碧濤萬頃，看到那一顆顆的黑點了嗎？跟他們招招手，放心，距離太遠，他們看不到的。這個小小的秘密，是完全屬於妳的。

床墊應該不會太軟吧？倘若不舒服，拿起電話，按下上面刻有「九」字的那個按鈕，會有人告訴你該怎麼辦。倘若沒人接電話，跟櫃檯比著中指，然後趕快跑。

你住在哪裡呢？那裡美不美呢？椅子有沒有乖？不會一路躲著你的屁股吧？如果有乖，趁來的及的時候，趕快摸摸它的頭吧！

燈泡還發亮嗎？是金黃色的，還是白色的？它們也都很乖喔！讚美它們幾句吧！洗臉台應該也很乖吧！都沒趁機跑掉，欣賞過它們那光華柔細的陶瓷光面嗎？彎曲的弧度很美喔！我偷偷告訴你，我曾經見過一副那麼柔細光華的臉龐，還有那美麗弧度的手腕呢！

好了，抬起頭吧！有沒有看到一個人？他正聚精會神的望著你喔！他站在那邊，跟他微微一笑吧！猜猜他會有什麼反應？

好了。現在該把花朵還給老闆了。借來的，終究要還。美麗的花兒要回家了，香水百合、火鶴、雞冠花、繡球花、卡斯比亞，她們都在那頭等著它回家呢！你也該回去了，你的親友也在等你呢！

趕快去告訴他們：你的玫瑰花有多麼美麗吧！他們可能忘記自己也有一朵花的。順便，告訴他們：那片用翠玉與黃金編織的金萱花田、那一塵不染的白沙攤吧！還記得海天蒼茫的漁火、刻著「九」的按鍵、體貼依人的椅子、亮亮的燈泡、還有那鏡中人的表情嗎？告訴我，他對你微笑了嗎？

我也要回去了。是時候了，老闆已經來了，他手中正拿著那朵永不凋謝的紅玫瑰呢！

第二部
熟年的困局

7. 男性熟年的困局

在熟年男性要放棄社會性特質，而轉化為本真狀態特質的時候，有著先天上許多不利的因子。

絕大多數男性在學生時代是一個樣，到了開始投入工作與職場的時候又是一個樣，到了開始為人夫、為人父的時候又是一個樣，到了進入熟年的時候又是一個樣，而退休之後模樣又變了，倘若一切能順利過關，而能進入安享退休生涯的時候，那模樣又是全然不同。

「女性用情緒寫心事；男性用身旁的人的情緒寫心事。」這是我執業多年來的心得——跟女性談心事，要用嘴巴，要用耳朵；讓女性開口，讓她說話，讓她安心的說她想說的話；聽話的人不必多嘴，但是要認真聽，用心去感受，讓女性繼續講得下去，也願意講得下去，這樣一切就足夠。

只要女性願意相信你，那她就會把她內心如泣如訴的故事講個透徹。當然，請務必不斷發揮同理心，而不要急著要對方「應該」怎樣又怎樣。

這是什麼意思？簡單講，就是不斷想一想：「如果當時對方換成是我，我的感受是怎樣？」；但是很多人卻很容易打斷對方，然後急著說：「你應該怎樣又怎樣。」這樣一說，女性反而說不下去了。

偏偏在男性身上，這一套通常是行不通的。不見得是男性不配合，不見得是男性受困於顏面問題或是心思太粗，經常出現的問題是：男性跟本沒有辦法自己陳述自己的心情！

固然，男性特有的思維方式影響有之，但絕對不只如此；更不能粗略的解釋為：男性的心思就比較粗，要不然看看下面這段詩仙李白的作品——

抽刀斷水水更流，舉杯消愁愁更愁，

人生在世不稱意，明朝散髮弄扁舟！

相信不論是男性讀者還是女性讀者，大概都能深刻體會到李白詩句中呈現出來的那一個「愁」字有多強烈！

但很有意思的，當熟年男性要敘述自己的困境時，絕大多數卻說不出來，而且那種模樣，就像國小時作文課寫不出文章時，怎麼「擠」都「擠」不出一篇來的感覺，而且真的就是用「擠不出來」四個字來形容最貼切。

這個原因其實被探討很久了，有一個生動的說法：男性的情緒被上鎖了。（關於這點，我們在後面會加以討論。）

我們要先提到的是：在了解熟年男性的內心時，直接探索多半是會撞到牆壁的，更有效率的是：**「直接觀其行，而不要聽其言」**。

其中，有一個很有趣的方式，就是聽聽他身旁的人，尤其是他太太在抱怨什麼？如果是太太自己的話，那更好的做法就是「聽妳自己的感覺」，只要認真聽，熟年男性所面對的內心困境，通常會由他的作為中透露出來。

你可以用心看，用心想，但不必開口問。只要諦聽者盡量把自己對當事人的成見、長年累積情緒等等處理好，用一顆平靜而且透明的心去聽，那就有機會可以看見熟年男性遇到的困局。

東方男性的「心事誰人能了解」

東方男性是活在一個沒有機會情感表達的世界裡。從小，女生是允許被哭泣的，允許表達難過感受的；但是男孩子可不——吸收痛苦，把困難與各種情緒隱藏起來，能承受多少就承受多少，這些行為都是被稱許的。

「男生不可以哭！」「跌倒了就爬起來，男孩子不要哭。」「有種就去搶回來。」一個男生在這裡哭，像什麼樣子！」

在大多數文化中，人們總是用這樣的態度教育男性。就像鄭智化的歌：

「苦澀的沙，吹痛臉龐的感覺，像父親的責罵，母親的哭泣，永遠難忘記。

年少的我喜歡一個人在海邊，捲起褲管光著腳丫踩在沙灘上。

總是幻想海洋的盡頭有另一個世界，總是以為勇敢的水手是勇敢的男兒，

總是一副弱不禁風孬種的樣子，在受人欺負的時候總是聽見水手說：

『他說風雨中這點痛算什麼，擦乾淚不要怕至少我們還有夢；

他說風雨中這點痛算什麼，擦乾淚不要問為什麼。』……」

這樣的態度，不只對於男性，連對於女性，都是熟悉的。連女性都會覺得：男性就是應該有這樣的態度；男性更是自覺應該有這樣的擔當：再大的風浪與受侮辱與傷害，通通叫做「這點痛」，要趕緊擦乾淚，不可以被人看見，暗喻著男兒淚非常丟臉；而且很多傷害是無理由可言的，所以也不要問什麼了。

說實在的，這樣的感受，非常非常非常多的男性記憶中都有。他們只記得：「要有夢」——當然是社會中的夢。只要在社會中努力工作，賺了錢，有了功名利祿與成就、一切都能抵回來。

你覺得自己受它影響嗎？

有些新時代的好男人是不以為然的。那麼，我們不妨來思考一件事：寫了《正氣歌》，南面再拜而死的文天祥，他到底有沒有老婆、小孩？歷史沒說。那你覺得從他老婆的角度來看，這個浩然正氣有澤被到她嗎？

男性在忍受犧牲與痛苦時，往往連身旁人的利益也一起犧牲掉了，他視之為理所當然。當然，這世界有多少顏將軍頭、遼東帽？斑爛汗青就算能寫盡天罡地煞一百零八星，平凡的人還是遠遠比較多。

沒有國仇家恨，沒有平生不得志，只有死了連地區新聞都上不了報。就算偉大一點；或是功成名就些，那又怎樣？男人的心事永遠說不出來——難過也是生氣、不捨也是生氣、悲傷也是生氣、被剝奪也是生氣，而在另外一面，男性必須控制所有的東西，因為任何一個他控制不了的東西，都有可能撼動他的世界的安全——這樣的焦慮，他還是表達不出來。

這種男性情感表達障礙最容易表現在父親節的商品特賣會了。和母親節的各種產品特賣五花八門、琳瑯滿目正好相反；許多人思考父親節要送什麼，爸爸生日要送什麼，一想到就頭痛！

年年送領帶刮鬍刀也不是辦法；送體重計可能還會被罵；送一些生機飲食似乎不錯，可是萬一過了半年，才傳出該類產品會傷腎又致癌怎麼辦？健康檢查絕對是個必須而通常不受歡迎的禮品。如果真的有「種」的話：「小三」最受歡迎，但連提都不能提，有損父親威嚴形象；「藍寶堅尼」、「豪宅一棟」父親可能感興趣，可是連零頭都送不起。

總之，父親感興趣的，子女通通送不起（或不能送）；子女能送的，父親通常不感興趣。結果到最後，只好去吃吃喝喝了事。

為什麼會這樣？因為東方的家庭裡面，父親的情感表達本來就很少，沒人知道他內心的渴望，更何況男性往往完全投入工作裡，他所渴望的，子女根本不知道！

最好的休閒就是工作？

在傳統重男輕女的社會裡，男性常常被拱上事業的巔峰，只要他能工作，其他的事物就被豁免了。在這過程中，男性的整個生活，往往會被工作給完全侵蝕，他不再與過往的死黨連絡，他不再打籃球、不再看職棒、不再看世足、他不再觀賞非關商業性質的運動比賽，他對於年輕時關心的事物再也不關心，工作取代了他的生活、休閒、娛樂。連常見的高爾夫球也是因為可以邊打邊聊生意。

我相信您自己或您身邊隨便一找，就會有這樣的男性。尤其到了熟年，差不多都是主管或以上了。兒時曾經快樂過的一些事件，如今剛好顛倒過來——「還好！明天正常上班上課！」、「不錯！今年的年節比往年短」……

為什麼會這樣！因為這個男人，除了他的辦公室、慣常應酬的餐廳、家裡以外，竟然沒有地方可去了。

傳統社會對男性的過度期待

會有這樣的問題，其實跟上一個問題是相連的。傳統社會把太多家國情仇、社會責任、多重角色通通壓在男性身上了。

不要說現在的熟年人，任何一代的人都可能聽過諸如此類的話：

「還好，生的都是女兒，這堆問題不用她們來煩心，要是有兒子，以後要解決他們兩家之間的樑子，可就有得他受了。」

「小寶（任何小男生名），要勇敢喔！在家裡做好榜樣，乖乖念書，要聽媽媽的話。爸爸出差的時間，要保護媽媽，保護好妹妹跟弟弟喔！」

「像你這樣整天只會玩，書也不唸，正經事都不做，老師天天打電話來家裡，這間學校又快要念不下去了！你以後是要當一家之主的人，你現在這樣以後怎麼辦！我問你，再過去你就要幾歲了，以後你什麼一技之長也沒有，什麼競爭力也沒有，你現在靠我吃飯，以後你是要你老婆養你啊？我告訴你，現在你跟那些不三不四的玩玩而已，大家當然都沒關係，以後，出了社會，哪一個女生敢嫁給你！」

並不是說，負責任、積極進取努力等等特質是不對的，而是這些特質被高幅度的要求在男性身上，也隱隱約約把「不負責任」、「不積極」、「不努力」、「不進取」等等的「負面特權」貼到女性身上。

但什麼叫做積極進取？什麼叫做負責任？領高薪、任要津、事業遍及全球算是嗎？那放棄高薪，回鄉經營民宿的算是嗎？

愛因斯坦上戰場打仗，不會成為麥克阿瑟，他可能會在任何一場戰役被打死或畏懼躲起來，但是光就愛因斯坦影響下的物理學，最後發展出雷射，而被廣泛被運用在現代文明，如果他的早期人生命運中將會面對「戰到最後一兵一卒而亡」與「毫無男子漢氣概地裝死又落跑」的抉擇，你希望他的選擇是哪一個？現在的電腦的微型化與雷射手術的受益者又是會如何期望？

其實，價值是很難定義的，更不應該用性別差異來區分與要求，偏偏在傳統中的男性，就是在這些要求底下長大的，更有意思的是：負擔男性特殊責任與享受男性特殊權利的概念深植人心，不分男性或女性。

無論如何，對男性的特定價值的過度期待，很嚴重的扭曲了男性的生活。尤其在傳統社會中，男性通常在為了扮演某些角色而犧牲「中性」的基本權利，又被交換與一些男性專有的特權，這會讓男性到了熟年之後，因為這些「被要求」的消失，而突然發現：自己很有可能已經變成了一個能力一流的生活白癡——什麼都會，就是不會生活。

工具性存有文化的後遺症

電話簿拿起來，滿滿都是各行各業重要的人物名片，每一個名字，都象徵著某一種功能。這就是男性在社會中，非常習慣將事物化約為一個簡單的指令，操作了他，就可以獲得到什麼。

這樣的情形，出現在所有位階的熟年男性。要去玩樂的、要去泡酒家的、要去打球的、要去關說的、要去應酬的……幾乎都被熟年男性給分的非常清楚，就算一個人身兼兩職，熟年男性一樣會把他視為兩個不同的個體看待。

這種以「工具性質」的方式取人，用一般世俗的說法就是：「非常的現實」，但事實上，這種做法是有後遺症的，最常見的，就是先前提到的「人的本真自我」價值越來越不「值錢」，一切以功利主義的角度來看，另一方面，就是人與人之間基本的連帶越來越淡薄，人的完整性與價值受到嚴重的考驗，越是受到工具性存有文化影響的熟年男性，在面對到自己走到熟年時的價值，也會越沒信心，換言之，他需要更多事物來給自己安全感。

社會上的熟年男性太多種面貌了，我們絕對不可能用一本書就能說完，所以，我只想指出存在於大多數熟男間的共同特徵——

1. 對於年齡增長的焦慮
2. 能力喪失的焦慮
3. 權力受干預的沮喪與否認
4. 「反向行為」增加
5. 「退化性行為」增加

對於年齡增長的焦慮

關於這點，我想，不需要我解釋，誰都知道。年齡增加，從輕熟男到熟男，通通會緊張，光是老花眼鏡開始不離身，前額線逐漸往後退，就足夠讓四十幾歲的男性嚇個半死了。而從落健、威而鋼等產品的暢銷，更是說明了年齡增長對男性的威脅。

很有意思的，我並不是把上述現象放在能力喪失的焦慮與沮喪當中，因為實際使用這類產品的，有很多人根本就只是焦慮而已。

每個人都熟悉所謂老年人的生活模式，而年齡增長就是一種暗示自己即將變成那個樣子的一種訊號，對於大權在握的熟年男性而言，那是相當令人驚恐的。

能力喪失的焦慮

這個能力指的是兩方面：一個是健康狀況，一個是工作狀況。

當這兩個訊號亮起了紅燈，熟年男性會拖上很長的一段時間，拒絕告訴別人，只願私下詢問看看是否有解決的辦法。

一個本來充滿安全感，能夠充分授權的熟年男性，他的生理部份發生問題，安全感就會開始崩落，上面一層的歸屬感，也會開始動搖，再來，連被尊重感與自我實現都會出問題，這時候，不要談夢想了，一個終日惶恐的人，他還能剩下幾分戰力呢？

而偏偏熟年男性非常會拖，往往要拖到不得不緊急送急診的時候，整個事件才會爆發出來。隨後，啟動傳統熟年男性的家族支持系統，以及其他部屬的關懷（無論是真是假）。

其中，對於「性能力減退」之恐懼，恐怕是最為普遍的男性焦慮之一。

關於這一點，也非常有意思的，跟女性面對性功能的自然改變相當不同的地方是：女性對於性是很敏感、很細膩的，在體會自己的身體變化上，女性的自覺相當的敏銳，但是女性在「性」上面的感受度，卻受到社會傳統的相當程度壓抑，父母總會告知女性：似乎在意「性」這議題，是不好的、可恥的、淫蕩的，這對於許多熟年女性在年輕時，反而帶來許多壓力與壓抑，到了熟年期，又順著時代的改變，女性在性議題上面反而得到釋放，從最基本的「討論」、「言說」上的態度轉為自由，就不難看出女性對性逐漸不再感到那沉重的負擔。

男性對於性的議題正好呈現一個完全相反的表現——現階段的熟年男性在年輕時，本來就容易把性能力與自己的強壯、勇氣等男性價值，和吸引力、與對於女性「行不行」的掌控力混在一起。

在性行為中，男性又面對到自己勃起與射精的雙重焦慮——如果勃起不能，那整個男性雄風等於全毀了；男性會願意用盡辦法，讓自己趨向於有辦法勃起，以避免自己的顏面無光。

勃起的另外一個意義就是性衝動的存在，而性衝動的終點就是射精，而任何可以增加勃起的方式，不管是合法或非法的藥物、性幻想、刺激、女性挑逗技巧提升等，也都代表著同時有可能讓性衝動一下子衝過頭，直接衝到終點，直接撞山，就射精了——這又是另一個晴天霹靂，因為男性一旦射精，接下來的不反應期相當的長，這通常對男人自己而言，也意味著：他沒有用了。

他只能眼睜睜的看著自己的陽具不爭氣的不斷縮短，到一個不起眼的小肉丁，宛若自己的人生、價值、尊嚴、能力也從一個昂然吐信的巨蟒萎縮成為人見人笑（其實對男性更受傷的用詞是「人見人愛的小可憐」）的廢物一個。男性對於自己性能力的非理性崇拜或依賴，會在熟年期前後出現非常有趣也非常可悲的一種焦慮黑洞。

權力受干預的沮喪

熟年男性的權力本來已經發展到巔峰，但是，會受到幾個面向的權力的合法介入。

說得簡單一點，就是：專業雖然很強，但是已經漸漸要退出競爭了；要享受生活之前，就得先保養——面對身體健康、生活安排、甚至是最根本的居家生活能力。

第一，就是醫療權。這個時候，妻子子女都會要求熟年男性定期檢查，而熟年男性到了醫院，無論是驗血、驗尿、胸部X光等等，都只會讓熟年男性離開他熟悉的權力空間，而且顯得很笨拙。但他又不能不拒絕全家人的好意與應該定期檢查的專業建議。

第二，這個時候，身體多少有些毛病了。熟年男性再也不能為所欲為的大塊喝酒大塊吃肉。昔時那種「五花馬、千金裘、呼兒將出換美酒，與爾同消萬古愁」的豪爽年代過去了，而且現在的先進設備，連你幹什麼通通查的出來，然後又是老婆子女的一頓砲轟。

第三，熟年男性也必須考慮釋出事業權力了，不管這江山是不是你打下來的？你的身體就是已經無法負荷那種訊息萬變的領導地位了。

第四，回到家裡，連筷子、湯匙、醬油、碟子放在哪裡都搞不清楚，昔日發號司令的男性威顏，現在只能乖乖聽命於老伴。

「反向行為」增加

反向行為（Reaction Formation）跟表面上的字義差距很大，這是一個精神動力學上的專有名詞，指的不是任何負面的、反社會的行為，而是潛意識心理防衛機轉中的一個動作，通常用來描述：當一個人對特定事件有所恐懼的時候，有些時候當事人會刻意不露出恐懼的模樣，相反的，反而大膽的向該恐懼挑戰。

「高空彈跳」就是最經典的例子之一：根據筆者親自跳的感覺，就是因為恐懼，而自己很不甘願臣服於恐懼的那種感覺，所以反而故意跳下去，會有一種戰勝命運的勝利感。

「反向行為」也很容易出現在熟年男性身上，諸如日常生活中的好強；打起多年沒打的運動、卻弄得全身筋骨痠痛的結果。但是近年來，卻陸陸續續出現比較大規模、集體性的熟年反向行為——

有一部電影，拍著幾位老年好友再度組成了重型機車車隊，刻意向年齡與命運挑戰……而隨後又在真實世界中，出現了類似的故事（編按：電影《不老騎士》）……溫和的，可能去環遊世界，或是回到校園拿學位；激烈的，可能就是登山、衝浪等運動囉！

在這一點上，只要適當，而且不要太過固執而逞強，把自己弄到受傷，那是可以接受的。這是男性在面對熟年階段失落議題時，很常見的一種反應，但這是引導性的行為，如果成為學習動機的根源，那就很有價值。

「退化性行為」增加

這類行為就有些不太妥當了。

退化性行為（Regradation）跟表面字義差距也很大，它是一個精神動力學上的專有名詞，指的不是任何生理、心理上器官組織功能的退化，而是潛意識心理防衛機轉中的一個動作。

它是一種退化性的心理機制：一般來講，每一個人都會有成功的時候，而成功的時候，是一層疊一層上去的：不管您在任何機關服務，升遷總是一級一級向上升的——速度可以快，可以慢，但總有一個次序——除非是政治人物，否則不太可能一下子攻頂，一下子掉到底層，一下子又排到高階，一下子又換跑道。

職場如此，學業如此，在多數領域都如此。

每一個位階的「最適應行為」可能都不太一樣。例如：擔任董事長的時候，不需要在其他董事或外賓面前對基層員工為小事大發雷霆，這對董事長身份並無好處（其實是有嚴重壞處——除非，長期以來，當事人的個性就是如此）。

但是當一位本來不會動怒，但現在卻開始出現容易發火的高階主管或老闆身上時，這行為可能就是一種退化性行為的表現。

因為這種火性、焦慮、事事求好的心態，也許是他年輕時帶著他衝鋒陷陣，有了好表現，所以才能讓他繼續向上爬的要素；但是到了他位高權重時，他需要的更繼續成長要素，也許變成「人和」，能夠自然收買人心，也懂得犧牲與讓步，這才能讓他在高階位置更進一步。

但是當退化性行為增加時，他的安全感消失了，他無法再像以前那樣沉得住氣，結果就是退回到曾經帶領他成功的年輕時代要素，諸如：事事求好、火性、焦慮等等情緒再度出現——因為這些特質有著讓他安心的成功經驗。

如果這些成功經驗再度失敗了，無法讓當事人恢復安全感、自信心，那當事人就有可能進一步的發生「反向行為」，出現諸如：放棄、多疑、認為別人總是找他麻煩等等，這時候，行為只會與其他人更加脫節，更加不適應這個社會。在罕見的例子當中，有一個個案退回到幼年時期，而倒在地上以哭鬧來表現，你說，這對問題的解決有任何幫助嗎？

熟年期的到來，對於男性而言，通常是生命中的第一個挑戰，也往往是「人生成功組」與否的第一個里程碑，對於男性的考驗，通常比女性還巨大（參見下一章）——這也許是後續在整個熟年階段，不管被歸屬於「成功」與否，男性對於社會提供的意義更加依賴的原因吧？

8. 女性熟年的困局

面對熟年的接近或進入熟年時，女性的心思最為細膩複雜，宛如波滔洶湧的海面下，一顆珍珠蚌內多年未曾見到陽光的珍珠。

年輕的時候，在晴空萬里的日子，雖然整體局勢變化不大，但是明亮艷麗的陽光通常可以照耀到深處的，這顆珍珠多多少少還明白自己是個價值不斐的珍珠（也許她因為環境的關係而沒有這個自信）。

但是到了熟年期，也就等於更年期的重疊時間，在女性身上所發生的重大變化，從生理上的內在賀爾蒙變化，到外觀上的膚質、髮質、生理特質的變化，再到外表穿著、社會關係（子女成長、親戚朋友的變化），最後到社會告知「這個年紀女性應該怎樣怎樣」的概念改變，會讓女性帶來很多不同的反應。

事實上，在熟年期女性的普遍認知上，都容易過度把自己認定為「美，應該以氣質美為主，魅力美的部份，就不要再想了吧。」

由此很容易推導到：「因此慾望的部份，應該更加收斂點，尤其在性的方面。」更麻煩的結論是：「不要再一天到晚談論所謂的情情愛愛，應該逐漸服老，追求內在心靈的美與平靜，而不是年輕時那樣追求被心靈契合的愛人了解、共同攜手經營一個愛的天地。」

事實上，上面的「普遍性認知」，到底有哪一句話是有根有據的？對於人類生活中的事務，誰能決定對錯？

對於深切影響西方文明的宗教文化上，《聖經》上沒有寫的，耶穌沒有說的，基督徒不能為那神之子多妄言一字——對於天主教徒與基督徒而言，人類不能自己建造巴比倫塔，自以為有能力「演繹」神義，但卻竟然能在神傳下來的福音之赦免前，像個法利賽人妄自尊大的又把其他人類定罪？

由於這波規模最浩大的熟年潮，也是演繹出最成功的婦女解放概念的一個世代，筆者也未能免俗的為此一熟年世代的女性思想與影響西方兩千多年的宗教文化互動的精彩片段致敬。可惜因為這部份的探討將會太深太廣離題太遠且違反本書原初宗旨——非關宗教，只好割愛。

東方女性的傳統角色

倘若沒有上述這段有關女性思維的重大新對話，那東方女性將會面對一個什麼樣的世界與對待？

最快、也最簡單的答案，就是回憶一下電視劇或實際生活中有關於墓碑上歷代女性的名字，上面會寫什麼？很抱歉，永遠只是一個姓，後面加個氏。

無需引用太多理論，把那些硬梆梆的學術名詞扔光光，我們光想一想，在中國古代集體農耕的年代，一個女子如果離開了她歸屬的「家」，她還能靠什麼活著？

如果想到這一點，答案就很明白：**在時代劇變以前，只有「家」，沒有「個人」**——即便男性，也必須因為歸屬於某個「家」，取得該「家」最高權力統治男性的認可，也因此才會留下名字，而且名字永遠在姓之後。即便在《紅樓夢》中集實際權力於一身的賈母、王熙鳳，她也不會去與這個規則挑戰。

無疑的，世界改變了，就在這短短一兩個世紀內，但直到今天都還沒改變完成。因此，女性在短短的一百年間，隨著每個人的際遇，因著她的被投擲性，擁有了不同的自覺意識進展。即便是筆者今天實際見到的女性（為保密起見，以下個案內容都已經過修改）。

案例一

一位接近六十，嬌小而美麗的女性，心胸開放，易於接受新知，打扮漂亮且相當得體。

她將長久以來大男人的前夫給「開除」了，為的卻是一段愛與自己來日不多的未來。「我不否認是X先生讓我明白這世界上原來有我要的這種愛情。但誰說我就得要再嫁呢？」

「所以，您打算保持單身囉！」

「這可不一定。」她笑了。「也許有一天？也許不會。不過短期內，我大概是沒有勇氣再跳進那段無趣的生活。反正我花得也不多，我把公司賣掉之後，太夠用了，我大概就會一個國家一個國家去流浪吧！」

她有兩個女兒，長年都住在國外。意外的，通通支持她的做法，連小孫子小孫女都很高興。

案例二

一位約五十歲出頭女性，有那種一望即知是大家閨秀的氣質，得體的穿戴與妝扮、言語流暢、不偏不倚，就是溫勤恭儉讓的氣質。

當她傲然地敘述自己在婆家那個大家庭裡，怎麼把事情打點得有條不紊，怎麼做好一個長媳應有的樣子，讓同為長子的先生經營整個家族企業，對內從來無後顧之憂，從來不曾丟臉。就算下午打電話回家，說晚餐時要一口氣帶二十幾個公司「同事」（應該為部屬，但顯然家教中要求的謙抑特質）回家，她都能迅速反應、安排料理妥當，讓先生被稱讚到顏面有光。

但是這位女子卻掩不住那層落寞。

「我不明白，為什麼我做得這麼累，我卻更累——我說的不是身體上的累，處理那些事情一點都不是問題，我說的是心理上的累，彷彿做什麼事，都只有我一個人在處理。大家都很聽我的話，也很幫我的忙，可是我就是很累——」

「因為妳很孤單。」

女子愣了一下，話語一樣有禮。「您也許聽錯了，我們家是傳統的大家族，來來去去一直都是人，光是過年要準備碗筷——」

「喔，我是說，能聽妳說話的朋友，而不是要妳配合任何人——」

「我當然有，我——」這女子忽然停住了。隨後，低頭抽著面紙，有時微微懺抖，還不斷跟我道歉。「抱歉！我失態了。」

不知道過了多久。雖然，我持續用氣氛與暗示性給予支持跟安慰，但是我知道，繼續讓她感覺到自己失態，是一件很大的創傷，她反而很有可能認為自己「果然做不好、咎由自取」，結果讓自己更陷於崩潰與死亡邊緣。因此，我必須開口。

「所以，您一開始時，跟我說的，大學第一個學期的暑假，爸爸弄錯了，當著大家罵你罵得很慘那件事。爸爸現在知道了嗎？」

「他不知道。我沒告訴任何人，我只是在心中發誓：我要做好到從此不要讓任何人這樣罵我。」

「讓他知道吧！這是距離你最近的出口了。」

「如果，做不到呢——您誤會了，家父身體依然硬朗，我是說，我不明白這樣做有什麼意義，這種話我也說不出口，而且，那麼久以前的事，他可能也忘了。」

最後，這位女子還是只好走了第二條路，因為其他原因（那是另外的故事，因為與本文舉例無關，就不再改編與寫出）——幸好，她有個支持她的好先生，跟明理的公婆，還有好多受過她幫助與支持的親戚。他們很錯愕的發現：原來真相跟他們想像的差距如此之大！

社會對女性有什麼期待

當我們試圖將熟年女性面對的問題給表露出來時，我們會立刻面對到一個問題——現今的熟年女性正好面對女性意識變動最為劇烈的數十年，一位女性如何認知自己？她接受社會給女性一個什麼樣子的角色？就會深刻影響她一生的作為。

就像第一個例子中的女性，很顯然的，她早在年輕時代，就不是一個非常傳統的女性，面對先生自己已有的事業，她依然要出來經營一個自己的事業，而且她顯然會面對到傳統時代中，希望她在兩個女兒之後，繼續生個兒子的壓力；但是她抗拒了。

她依然走著傳統的路線，擔任了一位好的太太，好的母親，好的外婆，直到現在。但是因為她活在更早的年代，面對的社會更加保守，她並沒有足夠的知識、支持與力量，來協助她突破原有的角色，而且很顯然的，她也沒有因為無法突破而變得非常痛苦，而是與之共存（這是女性非常強大的力量），直到年紀漸長，她發現她可能的真愛，以及她再也不願意這樣走完人生一輩子時，她才決定選擇離婚，但也沒立刻要躲回婚姻中——她來自傳統，卻有能力在熟年世代向年輕一輩的觀念學習。

當然，她的未來如何，沒人知道。但是她敢於去接受挑戰。

受限於絕對保密性，這位女性實際上是由多位類似的女性所組成的，每一個人所憑藉的支持力量也不一樣：有的是宗教信仰、有的是朋友、有的是自己在社會中的歷練，每一個人的理由都不太一樣，但是都共同支撐了她，能夠在人生中的任何一個階段進行學習——她（其實應該說她們）幾乎不讓自己暴露在孤軍奮戰的狀態。

這時候，讀者也會看到她們事實上有各自的困擾（要不然筆者沒機會見到），但是她們有能力改變與學習——再學習，其實就是安然度過熟年時代的最根本做法。

第二個例子中的女性，在實際上比較常見，而且年齡層分佈更廣。雖然筆者刻意選擇了一個擁有這麼良好資源（婆家支持、娘家支持、人際關係等等）的女性設定，但是她們卻都做了一個相同的動作——**去模仿男性特質**，而導致太多東西由自己一個人扛，而且在扛不起來的時候，學習當一個「硬漢」，咬緊牙關硬是撐下去，外表還輕鬆自如，即便旁邊的人都看得出來她在逞強，但也不知道該怎麼伸出援手。

女性的困境只能個案分析

光從第二個例子，我們不難發現：要介紹熟年女性可能面對的困境，比介紹熟年男性的還要困難。因為後者固然因為社會地位、教育程度、社會認知、角色而有差異，但至少還可以分類，做一個大綱式的介紹；但是在熟年女性身上，這樣的期待甚至不可能完成，原因出在於不同熟年女性之間的差異性實在太大——

在男性身上，相同的焦慮可能出現在接近全部的男性身上，諸如：性功能下降的焦慮、年齡增長的焦慮、對專業權力領域遭侵犯的失落等等；但在女性身上，某位女性深受困擾的問題，換到另外一位女性身上，可能嚴重度就大幅減低，或者不曾被注意過，甚至根本完全根本就完全沒出現過！

會造成這樣的分歧，很有可能是影響因子太多：首先，社會對女性的要求差異性本來就很大，女性一直不是被社會強烈要求「必須怎樣」的一個性別，而女性因此獲得的可選擇性也就在某些地方相對增加（例如：在以家庭為重的前題下，要不要出來工作，是有比較大空間的），但又在某些地方的空間相對減少（例如：唸些什麼沒那麼重要，工作不要太過專精、拚命等等）。

其次，二十世紀是女性自覺意識覺醒的年代，不同女性的自覺意識差異很大，而在這個社會上，女性可選擇的路線也比男性較大；再加上一些特見於女性的現象，諸如：「對男性特質的模仿」，以及女性本身對於自身與環境的感覺敏感度普遍較高（這可能是生理性的，也可能是社會性的；可能是先天性的，也可能是後天環境學習而來的）。

無論如何，結果就是造成每一位女性在熟年期遇到的困境，幾乎都是個案式的，無法分類，即便強行歸類，也多到分無可分，無法一概而論。

因此，筆者只好另闢新蹊，用所謂「**蘿蔔坑**」的方法來探討：一個坑就是一個困局，每一位女性都有可能掉進去，也可能不會。掉進去的坑數量多寡，跟實際上困擾強度並沒有直接關係——一個刻骨銘心、始終走不過去、或每走必掉進去的坑，給當事人帶來的困擾，反而會大於滿山遍野處處是坑的嚴重性總和。

當然，會有困擾，必然是先有關切：**人不會在自己不在乎的地方感到困擾**。正如佛諺：因愛故生癡、因愛故生怖，男女皆然。要漫談熟年女性可能面對的困局之前，首先要先了解的，就是女性會在意的是什麼？而她所關切的這些事物，又有些什麼容易在熟年階段形成一個困局？

在下面，我們先來看看，熟年女性可能關心什麼？在意什麼？

女性的關切諸相

關切之所在，迷惘之所在。要了解熟年女性的迷惘，其實也等於在了解女兒心在意的地方，哪些是到了熟年，會特別容易明顯出來？

我們不妨從最常被引用的人本主義大師馬斯洛的觀點說起：基本生理（飽足、性、免於恐懼等等）、安全、歸屬感、被尊重、自我實現——排列成為一個金字塔型的需求階層，也就是從最底層的「對於基本生理的需求」到「對於安全的需求」，與位於中間的「歸屬感的需求」到更高的「被尊重的需求」，直到位於最高的「自我實現的需求」。

這些需求雖然各自有他們在心理學上的意義，但是大致上是可以直接望文生義的，它們會各自發展成為女性或男性生命中重要的經驗，被滿足也好，被剝奪也好，追求的經驗也好，喪失的痛苦也好，無法被滿足的感覺也好，用別的事物來替代也好（例如：

用高度成就過度滿足被尊重感需求來取代安全需求的匱乏，也就是：因為生活在恐懼，只好表現更好），每一種狀態都可能夠成人生中重要的議題。

這些需求在男性與女性身上都是一樣的。但是在女性身上，由於缺少了大量社會的壓抑與扭曲，許多需求是可以用原本的形態來直接呈現，相對的，也顯得豐富了許多，我們用口語化的句子來說，那就是女性經驗中常見的——

對於自己行動的內在意義，是「值得的」、「有意義的」的正面滿足感；或是「不值得的」、「找不到意義的」失落或空虛感；或是「值得嗎？」、「真的有意義嗎？」的自我質疑、焦慮感；或是更多其他的想法與想法。

這些想法，不會像男性一樣，高度專注於工作上，而是會比較自由的分散在不同的領域，不管是對於愛人與伴侶之間的親密關係人，或是女性幾乎都難免不了會高度關心的自己子女，再來就是多數女性會很在意的自己家人（父親、母親、兄弟姊妹、祖父母、其他親戚）與配偶這邊的家人，或是擴及到其他摯友、手帕交、知心好友，並逐漸延伸到其他朋友的身上——女性會關切的人物對象是很廣闊的。

當然，女性的行為對象與會思考的意義與價值問題，也會包含到人類以外的事物，諸如：嗜好、作品、她一生所關切所呼籲的、她所期待或努力過的事物、營利事業上的成就、非營利的事業上的成就等等。事實上，對於意義與價值的詢問、滿足與失落，是全面性的，而且在女性身上，往往呈現出來的，遠遠較男性豐富而廣泛。

類似的部份，就是女性對於自己過往的作為，別人的回饋——是「有回報的」、「有反應的」、「是被肯定的」、「可以繼續做下去」；是「沒有回報的」、「沒有反應的」、「是被否定的」、「已經沒有做下去的理由了」；或是「我還要繼續等候回應多久？」、「終究會有回應嗎？」、「到底是好還是不好？」、「我繼續下去有意義嗎？」；或是更多其他不同的思考與反思。

女性一樣很關心，而且跟男性一樣，有人比較在意別人的回饋與評價，有人比較在意自己的內在感覺，也就是說：有人需要比較多的其他人肯定，甚至高度仰賴別人的評價，一旦無法持續獲得肯定，就會陷於越來越不確定、挫敗感、失望、憤怒、無以為繼、支撐不下去的困境；有的人光憑自己在行動上所獲得的滿足感，就可以繼續做下去，偏重的是自己的感覺，而非別人的肯定。

有些人認為女性比較三心二意，在乎別人的肯定，這倒不一定，沒有精確的研究顯示，到底男性還是女性誰比較在乎別人的看法？筆者在實務上所見的是：**女性固然比較會去注意其他人的反應，但相對的，女性反而在確定自己所作所為是有意義的時候，更**

能展現堅毅的一面，無視於社會的漠然，堅持自己的看法，繼續做下去。

但是似乎女性對於自己所作所為如果是「**有害的**」一事相當敏感，無論受傷害的對象是別人還是自己，都容易讓女性停止原有不利益的行為。刻板印象中，女性容易出現不理智的雙輸行為，但在筆者經驗中，男性似乎並不會比女性來的更理智些，許多時候，反而女性比較願意聽取其他的意見，反而更有討論與雙贏的可能性。

相對於上面兩者都是男女雙方都普遍會在意的領域，在女性身上，就會有比較大的一部分，在生命的較早期階段，就直接面對所謂「親密感」、「信任感」、「愛與被愛」、「安全感」、「道德感」等等的議題。

最廣泛所為人熟知的，當然是「愛與被愛」的議題，這個部份在女性身上，被關注的時間很早，遠遠早於男性。但是不只「愛與被愛」的議題，女性在這部份上面的體驗是非常的纖細，例如——

對於與親密人物的關係，是「被愛的」、「愛的」、「可以愛的」、「彼此相愛的」、「被擁有的」、「擁有對方」、「可以彼此擁有的」、「彼此互相擁有的」、「親密的」、「自己能夠享受那親密感的」、「對方也能感受到與自己是親密的」、「信任的」、「因為彼此信任而滿足的」、「自己是可以信任別人的」、「自己是可以被信任的」、「彼此是互相信任的」；如果再加上「女性與親密人物對於第三件事物的感覺」，那還會多上：「分享某一些事物的」、「能夠共享某一些事物」、「因為共享而有種親密的感覺」、「自己是可以共享的」、「共同經營某一些事物」、「能夠一起經營某一些事物」、「因為一起經營，而有種親密的感覺」、「自己是可以和別人一起經營的某些事物的感覺」等等。

這串列表可以寫得很長，因為女性在「親密感」、「與親密人物關係」、「與親密人物一起對外的關係」這三者上，有著非常纖細的體驗，很多男性幾乎難以體會，甚至在覺察上，連理解都無法理解。

愛與被愛

首先，我們可以先回歸到最基本的「親密感」，也就是與女性心目中重要人物之間的「關係」，女性不只會在乎自己是否對對方有愛的感覺，也會覺查到自己「被愛」的感受，但在同時，女性也會先反思，自己是否有辦法去愛另外的人，最常見的說法就是：「我有沒有辦法讓別人走進我的世界？」如果可以，而且有了對象，對象也確實讓女性感覺到自己是愛著對方，而對方也是愛著自己的，那就會接著出現一種「彼此相愛」的感覺。

這些都會是女性關切的部份。當然，如果事與願違，結果就是負面的感受，包括：「不被愛的」、「真的不愛」、「沒辦法愛人或被愛」、「彼此無法相愛」；當然，很多時候，要明確感覺到「愛」是不容易的，尤其在長時間相處之後，此刻，懷疑就會產生了：「我真的是被愛的嗎？」、「我真的愛或愛過嗎？」、「我是真的有辦法愛人或被愛的嗎？」、「我們真的彼此相愛或相愛過嗎？」

先舉一個例子好了。相當多此刻的熟年女性，尤其在保守年代是因為別人介紹或相親而在一起的，到了熟年期或者更早，免不了會望著躺在自己旁邊的男性，反思著：自己跟他名為夫妻，對內對外，在名義在實際，無論是性生活或小孩，理論上都應該是最親近的人。

但事實上是這個樣子嗎？理當最親近的人，就是最親近的人嗎？其實，這裡會出現一種很複雜的情緒：是最親近，但又感覺到好陌生，面對親朋好友時，自己先生可能怎麼想、怎麼作、怎麼說、怎麼反應，自己全部都知道；但是當夫妻彼此相處時，距離一下子忽然拉開了，變得好遙遠，談完別人家的事、談完小孩，接下來的交集，卻不知道在哪裡。

像這類感覺，容易出現在女性接近熟年或進入熟年後出現，但它的根源，卻是源自於女性對於「親密關係」的一種渴求：它是長時間的，長久存在的，但是在這一代的熟年女性年輕時，並不容易在自由戀愛的狂熱與失落裡，被反覆體驗而形成一些較為深刻的經驗，而會以比較含蓄的方式被隱隱約約想像著，直到熟年期時才真正顯露出來。

熟年女性的困局與迷惘，必然是女性所會關切的，不過是在熟年期才成熟而顯露出來而已。

擁有與被擁有

事實上，女性對於親密感的關切比一般想像的更高：女性不只關切「愛與被愛」，其實還關切「擁有與被擁有」。這兩種感覺很難區分，更難理解，只能用體會的——前者比較接近是女性與親密對象各自站在原本的位置，還能分得清楚彼此，而女性在心中感覺到自己「愛」與「被愛」的感覺；而後者則是雙方已經貼緊在一起，甚至是融和為一，肢體相纏、肌膚相撫、你中有我、我中有你的感覺，那是一種「擁有」與「被擁有」的融合感。

由於難以用文字或言語去形容，只能靠既有經驗去感受，最容易類比的經驗，是女性在性高潮時的感覺：一種自我界線消失，剎那間，自己好像跟對方是完全合一的感受，常見小說中訴諸言語的說法是：「好想就被吃掉」或「就想吃掉對方」等等，但筆者想強調：並非能有這樣的體驗才叫做正常，就如同只有一定女性在性愛中有高潮反應，所以希望讀者千萬不要反而因為閱讀而增添「自己或某某人正不正常」的誤解。

只能說，在部分女性身上，若能感覺到「擁有感」時，那會感受到前述的「擁有與被擁有」的感覺，也會有部分女性出現「不被擁有」、「不擁有對方」、「彼此誰也不擁有誰」；或是、「我是被擁有的嗎？」、「我真的擁有對方嗎？」、「我們彼此互相擁有或擁有過嗎？」這些的感受——但是就算渾然不能體會到「擁有感」是什麼，那也不算是一種「不正常」或是「病態」。

類似的經驗是「親密感」，這個感覺可以用「我們是一國的」來類比。有些女性可以與自己的伴侶體驗到「我們是無比的接近再接近」的感覺，但也有人會感受到「不親密的」、「不管是誰，自己都無法享受那親密感」、「對方無法感受與自己是親密的」

或是質疑：「我們是不親密的嗎？」、「我能擁有那親密感嗎？」、「對方真的感受到與自己是親密的嗎？」

當這個親密感拉遠，也就是對象離自己較遠時，是不是可以「信任的」？有人會如先前敘述那樣，可以充份體驗到，有人則會感受到「不能信任」、「因為彼此不信任而失望的」、「自己很難信任別人」、「自己不值得被信任」、「彼此無法互相信任」或是質疑：「對方可以信任嗎？」「我有信任別人的可能嗎？」「我是值得被信任的嗎？」「彼此是互相信任的嗎？」

如果再加上自己與伴侶攜手，一起經營彼此的生活，那又會出現「**共享**」與「**經營**」的議題。前者是單純情感、想法、經驗、體會等等的交流，後者就加上對生活、對事務的管理，諸如：「經營彼此共同的這個家」，或是「這個家就是我一個人顧，你們都像在住旅館」——前後者就是「共同經營感」的有無兩端。

「共享」與「經營」的感覺就比上述「擁有感」與「親密」來得容易體會，也普遍存在於大多數女性的經驗中。相對的，女性在無法獲得這些感覺時，就會有：「無法分享」、「無法共享而失落」、「自己很難跟別人共享」、「無法共同經營」、「因為無法共同經營而挫折」、「自己難以跟別人共同經營某些事物」的感覺；或是「能分享嗎？」「能共同經營嗎？」的質疑。

到了這裡，筆者發現：無論如何必須打住了，否則，以女性的心思之細膩，再加上這麼多年來筆者所聽過女性傾訴過的困擾，光寫到「女性與自己最親密的伴侶關係」，就已經用掉一整個章節，雖然說，子女議題通常在熟年期以前不會是關切議題，反而是熟年之後才是困局。但如果加上「人際關係」、「親屬關係」、「職場關係」、「情慾問題」、「女性自覺」、「社會定位」等等，那應該是一整本書才有機會寫得完的。所以，這一部份，筆者就盡量直接在熟年困境中呈現。

熟年困境

在上一段中，就曾經表示過，子女議題本來在女性關切的主題中，不太會列入「問題清單」，而是會列入女性積極解決的問題裡面。簡單講，女性通常會在意子女的種種問題，但不會因此失去主控感，不會因此感到無望，如果親子間發生問題，或子女教養上有問題，女性往往會開始進入一段尋求專業協助的過程，而不是坐擁愁城，自己在哪邊不知所措，所以不能算是困局。

但是有意思的是：接近或進入熟年期之後，子女漸漸長大，逐漸進入社會而自立自主，如果子女有任何困難，諸如：身體上問題、社會適應障礙、偏差行為存在時，熟年女性反而不會掉進困境當中，因為她必須繼續扮演過往的角色：很辛苦、很煩、很累——但煩的是為別人（子女），累跟辛苦也是為別人，反而自己沒機會停下來反思，也不會有專屬於熟年期的困境出現。

但多數時候，子女如果是以水平以上的程度，離開自己去探索自己的人生時，不管是求學、就業、體驗人生，這時，這位媽媽可就要面臨自己生涯中許多困境了——「這個自己花費最多心思的寶貝，到底在遠地是怎樣了？」、「他能平安嗎？」、「他不會學壞吧？」

這裡全部都是由焦慮所堆砌起來的，但是別人總是看似都很很能看得開——說實在話，看得開才是違反人性的反應，實際上，很少有人看得開，熟年期無論男女，都以「豁達」來掩飾自己的不安。

最簡便的檢驗工具就是：詢問自認豁達的人（可能是別人，也可能是自己）：可不可以像李白《將進酒》一詩中所云「天生我才必有用，千金散盡復還來」，也不必那麼極端，就把自己財產捐個二分之一給慈善團體如何?!

反正一個能接受「兒孫自有兒孫福」的豁達人士，連養育多年的下一代福禍均能接受，那豈在意自己二分之一財產？反正死後還不都是全數繼承或捐出？

這個叫做「豁達陷阱」。很多熟年女性會掉進去。其實，豁達是目標，能做到固然是好，做不到也是合情合理，是人，焦慮總是難免的。

我沒用了？

來自子女的第二個陷阱是：「我沒用了」陷阱。

如果子女最終證實自己是有成就的，那熟年女性很容易掉進這個陷阱，而其子女越孝順越容易。

實務上，許多事業有成的子女都想要讓父母過「更好」生活，讓父母停止現在的辛苦體力勞動（如家事等等），享享清福，結果父母不見得領情。

筆者就真的遇過一位家庭主婦長年以家裡一塵不染為傲，誰知兒子請了外傭，定期要來家裡幫媽媽打掃，而媽媽極度不能忍受「髒亂的家裡」被外人看見——包括外傭，結果在外傭來之前，媽媽就偷偷拼命打掃，外傭一來，就「心生恐懼」了，她不知道自己還能做什麼？只好又打掃一遍；媽媽很困惑，懷疑自己是不是老了，打掃的不夠乾淨了，就一次比一次更拼命，另一頭，外傭也越來越拼命。最後，媽媽因為憂鬱病倒了。

在治療實務上，這問題是來自兒子無意間侵犯了母親的既有主權，但本書並非討論心理治療，我們著眼點於熟年女性的位置——千萬不要以為自己的價值，只是因為自己能貢獻什麼？而是要深刻理解：因為妳存在，妳值得被愛，所以妳有價值。但是一個對子女長期付出的熟年女性，很容易把自己的價值在子女面前簡化為「我還有什麼用處？」，這是另一個常見的困局，筆者姑且稱之為「我沒用了」陷阱。

在子女方面的陷阱就姑且介紹到這裡。當我們回到與伴侶關係時，我們會看到的又是另外一種截然不同的風貌。這時，就會開始與先前的「關切諸相」開始產生連繫。

我們愛過嗎？

面對伴侶時，熟年女性的角色又變了，因為面對的是自己的熟悉伴侶，因為女性會有期待，而這個期待也是可以被許可的。但是當熟年女性看著年輕一代女性與其伴侶之間的互動時，就會反思自己與伴侶之間的互動：但是，這樣的互動是否是令自己滿意的嗎？這可就未必了。

「我們愛過嗎？」是熟年女性靜靜望著伴侶，心中常常浮現一種奇妙的感覺。「愛」這個字眼，對熟年男性可能非常難理解，為什麼會是意義如此重大？其實，真正的原因是：日常用語當中，能夠反應女性心事的詞彙其實不多，「愛」這個字，可能包含了整個前述女性對伴侶之間，從最基本的「愛情」、到最貼近也最不容易體會的「**擁有**（你中有我，我中有你）」，以及羅列在其中深淺不一的「**親密感**」、兩人在遠方的「**信任感**」、是否能一起分享人生歲月點點滴滴的「**共享感**」，與是否能有一起經營彼此祕密花園的「**經營感**」。

這些感覺，到了熟年，都是算總帳的時候。因為身為一個女性，不管是職業婦女也好、家庭主婦也好，到了熟年，都會開始思考，人生的下半場要怎麼走下去？不管有沒有兒女，就算有，兒女在這時候也會開始有自己的世界與未來，剩下自己，而與身邊最接近的，「理當」就是自己將來的老伴了，那麼與「未來老伴」之間的關係，以往也許可以用工作、用兒女、用忙碌、用忍耐來打發，但是現在可不行了，現在熟年女性需要一個更加堅實而穩固的保證，與能抓在手中的夢想。

這樣的困境，其實也是一個婚姻危機的因子，更是許多女性在面對熟年期外遇時的原因之一——尤其當女性面對到新時代的衝擊時，熟年女性一方面面對自己的女性自覺，一方面面對自己似乎失落的某塊人生經驗，但最重要的，還是一種生命中匱乏的愛與親密感受與外來的延續。

當然，女性在熟年期開始進入的困境，絕對不會只有兒女與伴侶這兩個面向，**另一個就是自己與親人（特別是父親）之間的關係，以及自己與朋友之間的關係**。尤其在女性如果在熟年期是單身而且沒有小孩（不管有無進入過婚姻）時，這兩者都會特別強烈。

首先，女性在傳統觀念中，被期待是能夠在出嫁之後得到幸福的，這個期待始終如魔咒般繼續影響著女性到今天，甚至連沒結婚或、離婚或喪偶的女性也深受影響。

但是女性自覺度越高，社經地位越高，越接近或進入熟年，女性受到這些社會的影響就越薄弱，一則是禁錮在年輕女性的枷鎖已經在解除（社會容易對年輕女性的魅力感到恐懼，也容易加以道德限制，但熟年女性逐漸不再容易挑起社會的恐懼，也就不再被強加以道德限制），另一則是熟年女性的父母親人已邁入老年，開始啟動傳統東方社會對於盡孝道的正面肯定，熟年女性再度從婆家被「釋出」，比較能接近原本尚未結婚時的模樣，去面對自己的娘家。

但目睹婚前與此刻的人事全非，那種人事滄桑的感覺往往讓熟年女性會陷入罪惡感陷阱，當然，其中受到歲月催剝最嚴重的，往往也是父親，這往往會造成熟年期前後的女性一大困局（其實，這另有心理治療上更深的原因，但於此就不再多提）。

熟年期女性不只在面對娘家親人會有許多「歲月不饒人」相關的議題，如果遇到娘家內部有所爭紛時，自己的角色也會變得相當尷尬與不知所措——特別時是在大家庭成長的女性，主要權力者衰老了，而下一代開始把長年累積的怨氣給爆發出來時，熟年女性若是置身事外者，會特別的失落與感慨（置身其中者當然不會）。

另一方面，當女性進入熟年期之後，在婆家地位也逐漸穩固，過往若有爭紛或欺凌，而如今逐漸消失，也容易特別容易讓熟年女性感覺到一種迷惘的感覺。相反的，如果過往在婆家是受到照顧的，那女性進入熟年後，反應就會類似上述娘家的狀況；如果長期都是衝突的，至今也仍然不曾消失，那當然仍就在備戰狀態，無所謂迷惘或困局。

而在朋友部分，如果女性是能夠持續保有自己的朋友到熟年的，那問題倒不太會出現，相反的，這些朋友會變成一股重要的支持力量，有助於女性度過熟年的適應期。如果女性因為任何原因無法保有朋友到熟年，不管是自己年輕時代的人際關係障礙也好，婚後家庭因素、先生反對、婆家反對的緣故也好、離開職場的緣故也好，各自彼此疏遠的結果也好，或是轉而以先生的朋友為主也好，到了熟年期之後，往往會開始感到孤單，覺得沒有自己貼心的死黨，沒有傾吐心事的對象，一旦小孩不在身邊，「未來的老伴」老是講一些自己毫不感興趣的議題，或是兩個人實在找不到交集與愛、親密、信任、共享與共同經營的基礎，那將會是一個相當深沉的空虛感。

最後一個要探討的是更年期的拜訪。但是，這部份的影響力，在心理上的影響卻不如生理上的影響來的大，無論是潮紅、發熱、月經中止、心情煩躁、情緒不穩、焦慮與沮喪等等，在病因學上，是來自賀爾蒙的分泌不穩定到停止；在治療學上，諸如：賀爾蒙置換法等等，都已經被討論很多年，而且有了相當程度的結論與大眾廣泛的認識；至於因此嚴重到引發「停經後症候群」、甚至是憂鬱症或其他精神官能症等等的，是屬於相對少數的疾病問題，並非本書要討論的「熟年時期的廣泛性現象」，因此筆者就不再多所著墨。

在更年期後比較值得探討的，是「**我還是女人嗎？**」這樣的一個困境，這會出現於不少女性身上，所幸的是：由於更年期的普遍為人所熟知，而且是具備社會普遍性的，所以減緩了這個困局的影響力，熟年女性通常不難渡過這個困境，畢竟，想像一下：如果到了六十多歲，更年期一直都沒到來，這反而才教人害怕。

結語

由於女性面對年齡增長的焦慮比男性來的早，所以在接近熟年或熟年初期，男性正猛然警覺年華不再而焦慮時，熟年女性大多已經逐漸趨於安定，而更年期的存在是生理上而且早已經廣泛為人所知的，大幅減低了年紀增長的焦慮。當然，在更年期過後一些問題不少，但是在前面也已經解釋過：受到生理性質影響的層面相當廣，影響力反而不大。

真正熟年女性的困境，幾乎都以「人」為主，而且重視的是「關係」；這跟熟年男性的困境有個很大的不同：後者困境則多半以「自己」為主，重視的多半是「憂慮」與「失落」議題。事實上，這個階段，往往也是女性的主導性與穩定性逐漸超越男性的時刻：兩性都會發現，在權力結構上，那個交叉點出現了，自此女性無論在體能、能力與權力分配上，開始逐漸取得主導地位了。

9. 熟年與外遇

基本上，男性與女性的外遇是不同的，尤其在熟年時期的時候。

從男性角度來思考女性外遇，或是從女性來思考男性外遇，往往都會錯得離譜，而當事人的反應，也通常與實際狀況出入很大。這樣的落差，往往呈現在外遇者另外一半的想法與行動策略上——無論是意圖留在婚姻中，或者是想離開婚姻，都會變得事倍功半。

幾個女性面對老公外遇的說法都是：「我還以為對方是什麼大美人，竟然醜成歐巴桑那樣他也要！」

是的，令人驚訝的，熟年男性的外遇對象許多甚至比正宮夫人的條件還來得差！換言之，一般人會勸女性的一些說法，諸如：不要當黃臉婆，要打扮之類的說法，看來似乎不一定有效。到了熟年期，老婆再怎麼儀態萬千，在預防老公外遇時，仍舊效果不彰。筆者的用詞是老婆「儀態萬千」，這也包括「懂得梳妝打扮」在內。

為什麼會這樣？該怎麼因應呢？反過來是什麼狀況？在本章節中，我們要來探討這些問題。

男性外遇的特性

男性外遇的原因，其實可以從「一夫多妻制」看出部份端倪。

很多男性都會開玩笑：真是生不逢辰，要是能活在一夫多妻制的年代或國家就好了。

事實上，那樣的國家或年代對男性而言，可一點都不是個「美夢成真」的天堂。因為在那樣的國家，不管是歷史上的，或是現在既存的，除非長年戰爭、男性在捕獵或耕種的死亡風險很大，讓男性人口減少，才有辦法達成少數的男性與多數的女性共組家庭之外，要不然，結果就會是：少數有錢有勢的男性才娶得到太太，其他男性等於都得一輩子打光棍。

相信部份讀者應該聽過一種制度「兄弟共妻」。在一些偏遠貧乏的地區（編按：如古代藏區），貧窮家庭的兄弟們必須在一起耕作才勉強養得活彼此，沒有分家的本錢，至於籌措多筆聘金給女方，為每一位兄弟都成親，那更是辛苦。

結果在這些貧困地區演變出來的文化就是：兄弟們合資籌措聘禮，為老大成親，但實質上（半公開的，親家也知道），其他弟弟們也可以被默許與這一位嫂子有各自的家庭，得以傳自己這一支的後代。

這是發生在中國貧困地區的事，尤其在長年太平盛世之後，狀況當然是中產階級完全無法想像。但正如作家賽珍珠女士來中國所寫的三部曲，其中描繪的中國大地農民之悲慘，也很少見於中國士大夫流傳下來的著作當中。

但是，中國是經常在戰爭的，所以這種兄弟共妻的狀況都只會零星分布與出現而已，很快的，一但戰火延燒，男性又大量死亡，這問題也就不復存在。

男性存在於朝不保夕的歲月，絕對不只有歷史時代以後，長久以來，即便是史前時代，甚至在現代人出現的時候，為了覓食、爭奪地盤等等，男性死亡率就一直偏高。一種假說是：在最後一次的冰河時期結束之後，克羅馬儂人與現代人逐漸合而為一，擊敗了尼安德塔人，在這個過程當中，現代人種不斷擴張到全世界各地，他們就憑藉他們的腳程不斷的繼續擴張。原始狩獵社會的部族有男主外女主內的特質，男性在外面漁獵覓食，而女性則在部族中處理食物，照看小孩。

在這樣的狀態底下，社會性還沒有發展出來，男性所承受的風險是相當大的，每一個男人早晨出去打獵或者出去戰爭的時候，都不敢確定自己晚上必然回得來。要維持物種維繫，結果就是出現了一個現象——誰能夠將自己的基因在最短期之內散播到最多的地方，誰就有可能將自己的基因保存下去。這就是在男性身上始終存在的「花心者優勢」。

很遺憾的，即便到了文明時代，男性競爭性並沒有減緩，整個歷史時代也等於戰爭史時代，少數人挑起來的戰爭，卻繼續延續男性這種「朝不保夕」環境，再加上演化時已經存在的遺傳特質，會讓男性在所謂的選擇對象上，始終「重量」勝於「重質」，多多益善，即便性交對象實在不怎麼樣，只要不到反感的地步，那多跟一個上床也不反對，而原有的呢，他還是想要。

男性初老，更增危機感

當男性進入熟年，猛然驚覺到自己的老之將至，那種生存危機感大增，而自己又即將被社會一腳踢出去，喪失年輕時在社會中呼風喚雨的能力時，孤獨感外加恐懼感，那種原始獸慾的部份會被召喚回來。

這時，與年輕時代總是喜歡「漂亮妹妹」那種自在的樣子開始不同，男性會趨向於「都好」的飢不擇食選擇法。

其實，即便是在年輕時代，男性在深受「性感」、「魅力」、「漂亮」女性吸引時，仍然保持這種「都好」的特質：仔細觀察，男性在劈腿或外遇時，很少有放棄原有的，而只選擇新人的動作；男性通常是有了新人，大多數時間跟新人在一起，但舊的還是不願意放棄，就當作備胎，萬一新人因公出差或遠行時，那就會暫時回到舊人身邊，像過去一樣相處、作愛。更多的時候，男性即便在與新人熱戀狀態中，也會突然偶爾回去尋找舊人，爭取與舊人上床的機會。甚至，就算一位男性從年輕到老，都不曾劈腿或外遇，但在春夢裡，男性的「美妙夢境」不乏「眾星拱月」的一對多關係。

相反的，女性的劈腿與外遇，選擇了新人，就會徹底放棄舊人，還是傾向一對一關係。同時擁有兩個異性關係，通常會是女性的困擾——但對於男性而言，才不會是困擾，反而是「美夢成真」呢！

對於男性而言，心中最大的癡心夢想，往往是：如果正宮能與外遇對象彼此和樂融融，彼此以姊妹相稱，一起維繫，那該多好？當然，以後如果再度遇到另一個女性，那三位女性、四位女性、五位女性都能共處屋簷下，彼此和樂相處，新來後到，長幼有序，……男性的財力有多大，夢想就有多「遼闊」，所以男性往往會很「誠懇」的想說服既有的伴侶（因為他真的不知道自己的夢想有多遼闊）接受現狀「那該有多好？」

男性外遇的特質是如此，也有它的發展淵源，男性只是受內在趨力影響——所以，應該接受嗎？

當然不是。

就像原始人茹毛飲血，現在我們也要樣樣學古人嗎？但這也不意味遇到女性外遇事件，蠻幹到底就是剩餘的手法。理論上，該怎麼重建？這是在心理治療上的議題，但在本書後面，我們還是會稍微提到。

熟年男性的性心理變化與外遇

我們已經說明過男性在熟年期以前的劈腿或外遇特性，但是，熟年期以後呢？要了解這點，就得從男性的性心理變化開始談起。在上一節當中，筆者留下了一個伏筆，那就是從文字中很難看得出來，筆者倒底是在談論「愛」或者是「性」？

讀者不妨做一個實驗：拿上述文字讓男性看，男性有可能會說：談論「愛」或者是「性」，在外遇時，這兩個不是差不多嗎？

可是拿給女性看的話，女性就會說：整段都在談論「性」，沒談到「愛」啊！男性外遇不是愛上別的女人嗎？為什麼反而不談「愛」？

讀者不妨試試，結果就會引出一個非常有意思的結論：**多數男性其實並不太能區分愛與性之間的差異**。

在熟年期以前，對於男性而言，愛與做愛兩者之間，是幾乎等同的東西，而且，性的意思也不在於那個溫存、彼此互相擁有，而是對男性非常重要的：**在女性身上展現他的強勢與侵略**。

當他進入女性肉體時，那種佔領與支配的感覺；女性的呻吟、臉上陶醉的表情，會大大強化男性那種侵略或虐待界線模糊的快感，直到完事為止。然後男性會開始感覺到「強大自我」的快速萎縮，就如射精後「那話兒」快速萎縮的模樣。此時，男性會設法遠離女性，諸如坐在床緣、抽菸、上廁所等等的；而女性則還停留在剛剛的情境中，沉醉在先前的感覺中，這時，女性會更希望繼續溫柔的撫觸與擁抱，但男性通常不太會接近，反而會有一種排斥感，因為體內正在發生「反造神運動」當中（想像一下，一個昂首而立的勃起陽具快速的縮到比原來更小，那是什麼感覺？）男性一般會選擇自己去面對那個「恢復成為平凡人」的歷程。

但是到了熟年期之後，男性面對自己「性能力的衰退」（其實那可能只是一種心理上的恐懼，生理固然沒二十歲時那麼剽悍，但要稱為衰退也還談不上），內在的焦慮、因為焦慮而產生的心因性性能力減退（心理壓力造成），熟年男性面對太具魅力、活力，而自己無法掌握的年輕女性會有更大的壓力——畢竟，他不願意在床上「辦事」時，冒著「那話兒」把他能丟的臉都丟光的風險，去打腫臉充胖子；另一方面，如先前所述，熟年男性已經接近社會為人類安排的最後一個高峰，後面就是什麼都沒有了。

因此，孤獨感與恐懼感等心理上的需求也會開始快速上升，就如前面討論很多了，熟年期男性會開始面對越來越多的恐懼，但是對外又要繼續裝得很堅強，因此，他的身邊逐漸會出現一個親密的愛人同志的空缺，而這個空缺卻是太太無法進入的，因為太太是他年輕時認識的，認識的是年輕力壯的他，熟年男性如果與太太在長期以來各自忙碌於生活與工作，到了自己不復當年勇的時候，跟熟年女性一樣，也會有一種面對「親密陌生人」的感覺。他一樣會怕被另外一半嘲笑或看不起，因此他通常不會願意讓另一半進入自己生命這個脆弱的空缺。

這時，熟年男性可能的外遇問題就呼之欲出了——只要誰能包容他的這些逐漸減弱的強大男性影像，再加上能夠接納並填補這男性心靈上的空缺，並激起他心中「自己還年輕」的火焰，這樣的女性角色（諸如：秘書、特助、學生等等）就能夠輕易進駐熟年男性在婚姻以外的感情世界，並成為這個男人新的女神，帶來新的生命與年輕的希望。

因此，大多數人的刻板印象裡面：**熟年男性的外遇，不過是一個「想要透過這管道快速取得金錢或地位的年輕女性」，跟另外一個「想要獲取一個美貌、有魅力的年輕肉體的熟年男性」的結合，事實上是不太符合真實情況的。**

當然，如果一位年輕女性還具備敏銳的頭腦，能夠理解熟年男性的上述需求，那她自然就能輕易攻入熟年男性的內心世界，這時，她如果想利用自己所擁有的，去換取金錢、權勢與地位等等資源，那當然也是很有可能的。

但是，筆者必須要強調的是：熟年男性外遇的現象，絕對不是一件單純尋求刺激的活動；而熟年男性外遇的對象，也絕不是一只美麗的花瓶，更不只是有小聰明而已，這樣的年輕女性必須能清晰掌握熟年男性的內心困境，才有可能穿透熟年男性生存多年的智慧，進入熟年男性的感情世界中，成為新的女主人——光是這點，沒有足夠的智慧，根本辦不到。

女性以自己去揣摩男性外遇時常見的錯誤

通常，女性以自己去揣摩熟年男性外遇時，都很容易因為「情緒上的問題」，而陷入一些錯誤當中。特別是身為主要受害者的「外遇者的太太」與「她身旁的好友」。

女性在剛剛發現自己熟年先生有外遇時（由於本書主題在熟年，因此本段文字專論熟年，熟年期以前的男性，反應可能大不同的），往往立刻想到的就是對方要的是錢。而後隨著時間拉長，不論有沒有公開，女性才會開始半信半疑的想：「莫非對方（外遇女性）是連自己的位置也想要？」

等到女性正視到這節時，才會開始陷入驚恐與憤怒。隨著時間的變化，女性可能爆發、可能暗自搜證、信任感破壞、自信心毀滅、嚴重懷疑自己老了、懷疑自己做錯、恨對方但又不知道怎麼恨、不知道未來該怎麼走下去等等，有太多種可能，不一而足，但因為超出本書範圍，就不再討論細節，筆者只專注在一個面向，那就是思考上常見的錯誤——

首先，如前所述，男人是多多益善的生物，有了新歡，不代表舊愛變老、變醜、不夠溫柔、不夠漂亮、哪裡做錯……

原則上，男性會隱藏自己外遇的理由，跟女性會隱藏自己外遇的理由是不同的：男性會期待的，是兩個沒問題，甚至三個、四個更好（提醒：男性的愛跟性是幾乎一樣的東西）。

也就是說，男性期待的可能是跟包含太太在內的「女性們」一起生活，今天跟A在一起，明天跟B，後天跟C……而男性通常會很有「良知」的，把原配放在女人們中的「大姊」的位置，負責持家。

除非原配太糟糕，否則男性通常會「有良心的」要求外遇對象配合原配的動態。男性的出發點在「怕被發現」的比重上比較低，而在很匪夷所思的「長幼有序」或「君君臣臣父父子子」的倫理反而比較高。

所以，女性最常犯的錯誤是：過度指責自己，或反而要求自己對對方更好，那真的叫做「風馬牛不相及」，各說各話。

男性有外遇，通常不代表他不愛太太，或是太太不好，而是「多一個也不壞」。

當然，凡事必有例外，如果太太向來都很強勢、霸道、冷漠、不顧家，那男性就會變成「向外發展求生路」了。

其次，特別是在熟年男性身上，對於自己能力的減退是存在恐懼的，對可能衰退中的自己是否還能被旁人所接納是存疑的。

這時，熟年男性遵守的外遇原則是「近水樓台先得月」——誰是最接近他的。如果地位、階級比他低，又是輔助他的年輕女性，誰就是最可能發生外遇的對象——當然，這一樣是原則，例外所在多有，絕對不能一竿子打翻一船人。面對這狀態時，太太的反應越激烈，那熟年先生就會越退縮到外遇的對象，尋找安全的避風港。

最後，是特見於熟年男性的，如果長年以來，先生都是個好好先生，而太太是個頤指氣使的女性；或者是先生是個追求新奇刺激挑戰的人，而太太卻是個非常保守與嚴守規則倫理等等的人。例如在性生活上，一個在事業上有開創性的男性，不難想像在性生活上也會有類似的追求，但是太太卻是個一板一眼的女性，做愛時得關燈，更不可能到汽車旅館，看著鏡子圍繞中的自己在做愛的刺激感、試用那些新奇的器具……一旦先生提起，太太就嚴詞拒絕，甚至斥責先生「老不修」。先生的挫敗感、惱羞成怒不難想見。

年輕時，男性可以藉由工作發洩這些慾望，但是到了熟年期呢？過去長期受壓抑、被老婆頤指氣使的，就是反過來找自己失落的青春；過去長期覺得自己看到太太在性生活表現冷淡的，就會反過來尋找自己失落的刺激與冒險（跟前幾段的熟年男性心理不太一樣）。

熟年時代本來就是一種生命上半場與下半場的「平衡區域」，不只是外遇，我們可以從熟年中看到熟年男女在上半場失落的東西。更何況是外遇！

女性外遇的特質

無論讀者是男性還是女性，只要能明白男性外遇的特質之後，就不難理解女性外遇的特質；了解熟年男性外遇，也就能了解熟年女性外遇，原理很簡單：反過來想就可以了。

先前提到：在男性身上始終存在的「花心者優勢」，使男性在所謂的選擇對象上，始終「重量」勝於「重質」，多多益善，即便性交對象實在不怎麼樣，只要有某種他需要的特質，那多跟一個上床也不反對，而原有的，他還是想要。相反的，那女性呢？

由於女性在小聚落中，扮演著生育與育幼行為，特別是生育行為，更是女性特有的能力。那麼，人類是怎麼傳宗接代的，就對女性的影響來得特別的大。想知道是什麼力量在主導女性的思考與行為模式，就得先了解人類的下一代特性。

根據現在越來越多的學術上發現：如果人類跟動物一樣，一出生就有一定的生存能力，大腦也勢必要發展到成熟才行——偏偏這樣成熟的胎兒，會變得非常的巨大，根本沒有辦法通過人類女性的產道，簡單講，會難產就是了。

因此在演化中，胎兒不能到完全成熟才出生，他必須在「還能通過」產道以前，就離開母體。而胎兒全身體積最大的部位，就是那一顆大大的腦袋。所以提前出生的結果，就是導致大腦尚未發展完成，就得被生下來。

有一種相當生動的說法，人類是卵生的一種生物（這只是一種比喻），因為剛生出來的小孩，雖然有人形，但他沒有視覺，沒有聽覺，通通都沒有，就好像是強行被擠出來的一樣，即便有了一些感覺也很薄弱，而必須在出生之後繼續慢慢「孵化」，才有辦法形成一個靈魂住得進去的世界，也就是那個最精密的部位——大腦與心靈。

這樣提早來到世界的生命，豈能自己獨立存活下去？牛寶寶一出生不久，很快就能站；鹿、羊、馬等等動物都是。但人類不是，新生兒只能用那頭大大、手腳短短的模樣，激發母體或其他成人大腦中關於育幼行為的遺傳特質（讀者不妨想一想，為什麼全天下卡通中可愛的造型，都是頭大大的、手腳短短的？那就是嬰兒的模樣，深植在我們大腦中，一代一代遺傳下來的育幼潛能），一旦大人們被激發育幼潛能，特別是母親，嬰兒才有生機，人類物種才得以延續。

結果就是女性會發展出與男性截然不同的行為模式出來：女性努力的專注在自己的幼兒身上，而任何可能對自己幼兒有幫助的資源，女性都會重視。讀者不難想見：女性如果愛上多位男性，那只會讓自己的幼兒餓死；相反的，女性會傾向於從諸多男性中，挑出最具備競爭優勢的，讓自己下一代得到最大延續的可能。

而這個所謂的「競爭優勢」，在過去可能是「強壯」、「能捍衛自己」、「能找到食物」等等；到了今天，就會變成「好看」、「健康」、「有經濟能力」、「專情」等等。

其實，我們觀察不管任何年紀的男性與女性的劈腿或外遇時，就會發現一個非常有意思的現象——男性一旦外遇時，他通常是都好，因為深深的遠古記憶中，他有一種趨力要在最短的時間內把自己的基因延續下去。但是對女性而言，她必須選擇出她最喜歡的一位，因為女性只要最好的——「種」。

當然，還是得再度強調的是：這只是傾向，不是「每一位女性都這樣」，因為個體差異是很大的，而遺傳衍化下來的基因，也只有部份的影響力而已——男性如此，女性也如此。

女性重質不重量

也因為女性要的男人普遍少於男性要的女人，所以女性特別重視「品質」：一位男性是否能愛自己、以及自己所愛的人，而不只是想跟自己上床，對女性而言，是非常重要的。

因此，女性的「愛」與「性」是高度分開的：通常，只有在有愛的基礎上，女性才有辦法在床上感覺到性的歡愉；如果沒有愛，性就會變成索然無味，甚至是一種痛苦。

女性所在意的「愛」，其實就等同先前所提到的「親密感」、「擁有感」、「信任感」、「共享感」、「共同經營的感覺」。這些現象到了熟年之後，在女性身上會越來越明顯：因為女性對於性的需求，不會到「沒有就會死」的地步，相反的，因為女性沒有勃起、射精的顧慮，而女性也可在在一次美好的性交中享受多次的性高潮，女性面對性本身是相對輕鬆許多的。因此，女性對於性愛會是整個相反過來：身處於一個浪漫的氣氛、魅惑的空間當中，與能夠帶給她安全感、親密感、自己愛與被愛的對象緊緊擁抱在一起，被呵護、被照顧、被疼惜——這整個過程與狀態，給女性帶來的滿足感更大。

而如果能夠在這樣身心滿足的經驗當中，跟所愛的男性結合，自己能細細的體會在整個性愛過程中的每個細膩的感受，諸如：被擁有、被征服、被挑逗而開展出來的一整塊帶著興奮、渴望、擁有與愛的愉悅體驗，女性的性心理會得到相當強烈的滿足。

但在女性年輕的時候，最大的問題來自於社會對女性強烈的性壓抑，而女性也承受著許許多多來自娘家、婆家、工作；或者要不要結婚、被迫著要結婚、要不要生小孩、社會對女性生育的期待等等的壓力。

事實上要能夠真正放得開，去感受上述那樣的快感的女性，是少之又少——光是心理上的壓力就已經是一大負擔了，而要去哪裡尋找到這樣的男性更是困難。在心理治療上，我們會看到：在長期求之不可得的狀態下，女性會趨向於乾脆放棄：沒有期待，也就不會受傷害。到了真正有這樣的男性出現時，女性通常的反應反而是緊張的、焦慮的，因為已經封閉起來的心，如果再打開，會不會是另一次更深更痛的經驗呢？

因此，這樣的渴望會持續存在，如果進入婚姻、特別是有小孩的女性，通常會這渴望轉移到家務與工作——尤其是在與小孩的互動上面。

熟年女性的性心理變化與外遇

到了熟年之後，上述的社會禁制命令逐漸減低了，沒進入婚姻的：會一天到晚想把自己嫁掉的父母親人老了，要不然也死心了，這階段的女性幾乎都有養活自己的能力；而進入婚姻的，丈夫的火性不復年輕時代了，但與自己之間也沒什麼話可說了。

而女性在年輕時代普遍會擔心的年華老去、青春不再、身價下滑、變醜變老等等，到了熟年，也沒什麼好擔憂了，反正，都已經來到這年紀，還想怎樣？就像許多人常講的：「死了就死了，有什麼好怕的？真正要怕的，是在等死或者生了病、要死不活的時刻。」

對於女性而言，青春時代的窈窕美麗早已消逝，就好比大學時代常聽到的一句話：大一人人搶著要，大二大三拉警報……女性的警報早就拉完了，三十歲的年代那麼長，該緊張的都緊張了，到了熟年，該失去的也都失去了，女性的第一波美感——青春無敵的年輕美也隨風而逝了。

第二波的美感正要來臨（但不一定會有，女性生命中所受過的任何傷害，都可能導致第二波美感無法來到，筆者業務的重要工作之一，也就是在協助讓熟年女性能夠走出過往歲月所承受過的打擊、扭曲與壓抑，真正活出生命中的第二個年輕歲月出來，但更細膩的地方，部份會在本書中提到，但如果受的傷痕更大，要處理的工程就會更浩大，那就遠遠超出本書所能提到的部份了）。

因此，接近熟年與熟年期的女性，一般是更為自在與放得開的。

女性走過了最受壓抑與社會扭曲的人生前半場，通常，在下半場會看到的風景往往是更美好的——除非是如先前所述的：生命中受到的扭曲與傷害太大，一直只是靠工作麻痺自己，或是靠三兩好友彼此支持打氣，而始終沒得到治療，將既有的人生資產做一個最有效的運用（心理治療的最重要工作之一）——那就會走不出來。要不然，熟年女性的生命通常是越走路越寬的。

在性的議題上面也是如此。偏偏，當路走寬的時候，看到了更多的好風景，那誰來跟她共享呢？

到此，熟年女性的外遇原因，就呼之欲出了。一旦一位能夠真正契合熟年女性、彼此談得來的異性出現，結果就很自然而然了。

但是熟年女性受到社會禮教的影響還是很大，因此，大多數的女性會與這樣的男性保持在非常好的朋友狀態，只有少數女性會真正勇敢的越界。事實上，「非常好的異性朋友」與「外遇」在熟年女性身上，是很不容易區分的，因為女性要的是「愛」、是「共享」、是「情感交流」，但是「無性」也沒關係。

這種非常好的異性朋友關係一旦發展出「擁有感」、「私密感」跟「共同經營感」的時候，而且原有的丈夫實在表現的糟透了，熟年女性才有可能思考是否會另外選擇新的伴侶共度人生下半場。

偏偏，表現得糟透了的男性就是那麼的多。

男性以自己去揣摩女性外遇時的謬誤

至此，相信讀者應該不難理解：反過來的時候，男性會怎樣看待女性外遇了——「我那件事不行了，所以老婆就跟人跑了」、「我就算吃藥，也可能不夠持久，太快了」、「那男人哪一點比我好，就那幾個臭錢」、「那個忘恩負義的女人，有臉做出這種事」……

男性的特質從一些面對女性外遇時的反應會一覽無遺：男性通常不會說「她就不要

我了」之類的詞句，跟女性恰恰相反；男性會用的詞句通常是「竟然敢做出這種事」，或加上社會對年輕女性的約束力——「她竟然不要臉到這種事情都做得出來！」

但真相是：熟年女性就如同先前所述，社會禮教長久以來的束縛早已深植內心，而且熟年女性幾乎都會考慮到親戚朋友的觀感，特別是對於兒女的影響，因此很少一開始直接就發展出外遇行為的。

通常整個發展過程是：男人因為深陷熟年困境當中，面對自己能力與影響力的衰退，而顯得非常焦慮與恐懼，再加上男性通常比女性善妒（這假說已經在學術界被研究許久，但在實務界上卻是非常常見）——善妒的熟年男性面對自己正逐漸失去一切，如今連老婆也可能失去，豈有不緊張兮兮的？

倘若男性對於太太與其他異性朋友的過從甚密，反應是採取男性最習慣的「高壓控制」的話，一個剛剛走出多年被社會所控制的女性，剛好會更加趨向自己新找到的異性朋友處尋求支持，而後又被內化的道德感所譴責，因而退回自己長年受壓抑與扭曲的世界。

萬一男性誤以為女性放棄自己新發現的自由天空是因為高壓控制奏效的話，那就會再度將太太逼向新世界尋求支持——如此周而復始，熟年女性為了讓自己有個喘息的空間，對新世界的需求就會越來越高，直到臨界點——女性終於決定放棄一切，真正去追尋自己的新人生。

當然，筆者還是得強調：這只是通則，凡有通則，就會有例外。但多數熟年女性外遇是有一個漫長的過程的，在某個意義下，我們可以說是：熟年女性外遇是夫妻雙方共同努力的結果。即便在熟年女性已經開始體會到自由的滋味時，沒有先生的「努力」，要將長年深受約束的熟年女性推向外遇對象，還真的是一件不容易的事情。

這也就構成了一個現象：**熟年女性通常只想保持一個與異性的純友誼關係，姑且不論男女之間是否有純友誼的可能性，但是唯一能確定的是：一旦熟年女性走上了外遇這條路，要再回到原有的婚姻狀態，幾乎是不太可能的事情了。**

熟年女性外遇可以用一條高架道路來比喻：明明在高架道路塞塞停停，車速並不快，而且處處是出口，隨時都可以下來，但是在面對自己老化問題的老公，就是有辦法讓熟年女性沒辦法從高架道路的出口開下來，而直接開到最後的外遇終點。並且，套句偶像劇的說法，「回不去了。」

10. 熟年殺手──憂鬱傾向（上）

不是每一個人都能順利通過熟年期的。相反的，絕大多數的熟年男女都會面對到一些問題：無論是內在情緒的障礙，與長輩、兒女、朋友或同事等人際關係之間的障礙，面臨各種改變的問題，面臨退休與老化的問題，面臨空巢期的問題──各式各樣的問題，都會造成熟年男女在心理上的深淺不一的影響，而這些影響，又會進一步對生理造成連帶的後續影響，最終的反應，就是出現在熟年男女在社會上的互動也產生影響。

另外一方面，人們到了熟年時期，無論男女，都面臨了生理上的重大轉折。這時，效果就會反過來，從生理回過頭影響心理與社會互動。

這就是目前主導精神醫學與心理治療理論的「心理─生理─社會」相互影響結構，用圖型畫出來，剛好就是一個三角形。

生理讓你退縮

舉個例來說：在心理層面上，熟年男性因為感覺到自己的年紀漸漸增長，體力已經不復當年，內心開始感到焦慮；這焦慮影響了身體的自律神經中的交感神經亢奮，釋出過量的正腎上腺素，而讓血壓上升，心跳加快，呼吸急促，容易冒汗。

這些生理症狀影響了這位熟年男性在社會上的反應，由於在面對群眾場合容易有上述不舒服症狀，因此這位熟年男性傾向於，除非工作必要，否則減少與過往可以高談闊

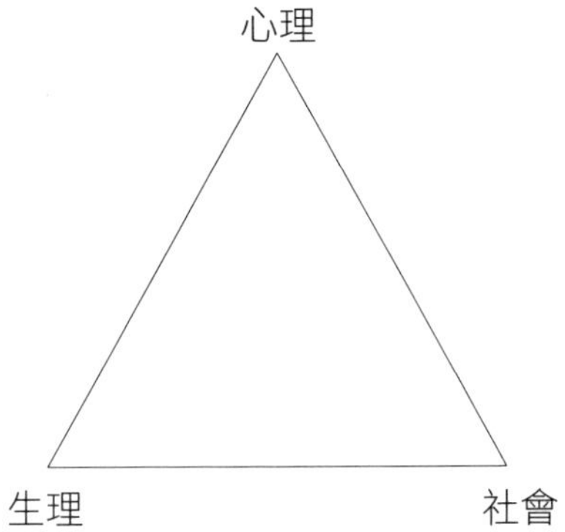

論人生方向的好友聚會，退縮回家裡；最後，這樣的退縮行為改變了社會互動，讓這位熟年男性在退休之後，更加容易把自己關在家裡，即便有心事，也不去找朋友聊天，負面情緒就逐漸累積——這時，就又回到心理問題了。

像這樣的循環如果繼續發展，就有可能先是焦慮，而後轉變為憂鬱，最後就發展成為一個憂鬱症。這樣的問題，反過來從生理或從社會互動開始循環，當然也可以；至於是男是女，都不能免疫，只要疏於注意，或者不信任心理治療專業，認為那只是「聊聊天」，「要聊天又何必花錢找人聊？」到最後就是淪落到生病的狀態。

但是諷刺的是：即便當事人到了生病狀態，還不一定會被發現，一個疾病出現之後，就靜靜擱著，擱著擱著，直到轉變為另外一個疾病，有時候還會變成兩個，越冒越多。

例如：原本只是「心理障礙」，連疾病都還沒有。但是不管什麼原因，就是沒有被處理，適應障礙繼續持續，焦慮也繼續持續，時日一久，就會發展出「憂鬱狀態」——心情低落、興趣缺缺、原本感興趣的事都提不起勁等等。

由於「憂鬱狀態」還不算是「憂鬱症」，剛開始只是一種經常處於情緒低落的狀態而已，很容易被人所忽視；但是隨著「憂鬱狀態」的增強，就會開始影響全面性的生活功能，包括：認知、記憶等等，這時當事人會開始發現自己無法勝任先前的工作，焦慮感會上升，而且往往以脾氣暴躁或煩躁來表現，更讓人想不到是憂鬱的問題（有時候，敏感的兒女會聯想到躁鬱症的躁症發作，但其實根本不是）。

等到憂鬱症真的出現了，還是會有當事人不願意處理，寧願借酒澆愁，而後愁更愁。就算喝到糖尿病或心臟病發作了，被送到醫院住院，出院後，還是會有人繼續酗酒，或自行購藥來亂服一通。直到社會關係因為多年退縮不跟人往來或鬧酒沒了朋友而毀了，生理也毀到差不多了，命都保不住，也無暇顧及心理了——這時，筆者也不知道我們能做什麼了。

憂鬱症最愛四十歲

由於在憂鬱症發生之前，會歷經頗為漫長的「憂鬱症狀」發展潛伏期，這時候的症狀有時很難被非專業者聯想到印象中會自責、沮喪、想自殺等等的憂鬱症，而憂鬱症一旦發生，不論照顧與治療所帶來的社會問題，光就它所造成的個人工作能力、社交能力與健康的減損，就難以估算那損害有多大。

憂鬱症的發作高峰期是四十歲，而後一直向後延伸到老。剛好是接近熟年與熟年期的階段。

試想：一位原本在事業、家庭或自我實現上有所成就的人，卻因為憂鬱症的發作而停職、或甚至被資遣、喪失原有地位或角色，他往後的人生要怎麼過下去？

而且，熟年男女的「憂鬱狀態」或「憂鬱症」（以下合稱「熟年的憂鬱傾向」）是熟年人士之間人際網絡的重要殺手。

試想：過去凝聚原生家庭的上一輩逐漸凋零，一旦父母過世，不知多少熟年男女再也無所謂的「老家」可回了，如果兄弟姊妹之間彼此凝聚力不夠，或是因為工作、婚姻而定居在世界各個角落，感情就算能依舊，但這樣的感情還能剩下幾分的支持力量？

而年輕一代的人因為工作、事業、人生規劃與夢想而遠走天涯，或各自在不同角落忙碌，一年三百六十五天，能相聚在一起的日子卻用十根手指頭也算得出來。如果自己的伴侶又不能與自己心靈契合，或發生了不幸，那天地之大，又何處容身？

熟年發光，靠朋友

熟年世代是否能在人生下半場再創生命的高峰，靠的不光是智慧、不光是人生經驗、更不是那些形而下的財富、名望、與權勢——**而是朋友**。

是一群有著相同時代背景、相同生命經驗、相同價值觀念、能夠相知相惜、能夠互相扶持的生命之友。

任何人落了單，那就只有死路一條。因為他將在一個他再也不認識的世界裡，跌跌撞撞，不被理解，不被重視，遍體鱗傷。

偏偏，最容易造成這種悲劇的，就是「憂鬱傾向」——它會讓人們忘了自己該去的方向，忘了自己還有整整一個人生下半場還沒打，誤以為一切已經結束，關起門來，再也不願傾聽屬於自己世界的聲音，抗拒所有伸過來的友誼之手。最後的下場，自然不必多說。

因此，好發在熟年期間的問題不知有多少，但是沒有一個像「憂鬱傾向」般，會嚴重到讓一切成空的。再加上「憂鬱」的一些非常弔詭的特性（在後面立刻會提到），讓筆者決定在諸多熟年期的心理疾病中，放棄走馬看花式的介紹，而是高度深入憂鬱的核心。

其實，以熟年期的心理疾病而言，就足以成為一個精神醫學的次專科了，沒有受過七年醫學教育，五年精神醫學教育，根本沒有辦法取得研習該次專科的資格，即便經過兩年以上的訓練，最後取得該次專科，如果之後沒有至少三千小時的心理治療訓練與實務，也很難將之與常見的人類心理現象連結在一起，可說是難上加難。

因此，筆者決定將全部篇幅，集中在對人生下半場最具殺傷力的「憂鬱傾向」上。由於「憂鬱傾向」包含了一整段從「憂鬱」到「憂鬱症」的漫長光譜，對人類而言，有些時候不但無害，甚至有益，絕不能一概而論，因此在此將分開討論。

「憂鬱」是不可或缺的人性

倘若說「憂鬱」只是一種絕對的病態，就像高血壓一樣，那反而好辦——一出現，全力消滅它就對了。偏偏「憂鬱」不是。

憂鬱是人性中的一部份，不可或缺，如果將之壓抑，輕則有害健康，重則影響生命安全。

舉例來說：一輛休旅車在高速公路翻覆，全車只有一位老婦人生還，其他都是老婦人的老伴、所有小孩跟孫輩；但老婦人處之泰然，反而開始安慰那不忍卒睹的員警，一點哀戚的模樣也沒有。如果您是到案發現場的警方，作完筆錄，你敢讓她回去嗎？

我想，覺得她沒事的人應該不多吧？因為這太不符合常理了！

試想，此時此刻的「常理」是什麼？應該是：這老婦人為什麼不淚流滿面、呼天搶地？更露骨一點的說：「她為什麼不憂鬱？」

這樣的反應就說明了：你我心中其實都很明白，在某些狀況下，「難過」是天經地義的事。也許你不明白為什麼這樣的事會讓你難過，甚至你不准許自己為這種事情而難過——但你不能否認的是：大多數的人遇到「家破人亡」、「天人永隔」的事情發生時，依舊會產生惻隱之心。歷史上所有想用「物競天擇、適者生存」來貶抑「悲傷」的，自己都已經成為「不適者」而被淘汰在歷史當中了。

「憂鬱」不過是「悲傷」與「難過」的「官方用語」，其實意思是大同小異的，它跟「快樂」一樣，都是情緒的一種，也就是人性的一部分；就好比「焦慮」跟「輕鬆」一樣，通通都是人類的基本情緒之一。

不難想像，每一種基本情緒，既然能深植於人性之中，必然有它的功能所在，不然一代又一代的衍化下去，沒有用途的情緒，必然早就失了傳，好比人類的尾巴，一旦沒有用途，那就會在演化中退化，不會遺傳至今。

「憂鬱也有用處！」大多數人聽到時，往往驚訝的叫了出來。是的。您看到的每一樣事物，通通都有其功能。只不過，有的功能正在快速萎縮之中，例如：不再有大規模戰爭或瘟疫後的資本主義世界，男性對於三妻四妾的渴望本能；有的功能正在快速增加當中，例如：自從凱因斯主義盛行之後，浪費與舉債卻產生了過去數千年人類從未思考過的功能。

如果亞當跟夏娃沒偷吃知識之果而被逐出伊甸園，而在那裡繁衍一代又一代的子子孫孫，那我敢保證：伊甸園將是個失業率最高的地方：警察將苦於無人犯罪而失業；司法系統將因人人禮讓守法而瓦解；醫師將因為沒人生病而苦悶到想自殺；農夫將因為人人都直接去吃樹上的果子而不想耕作；教師將面對一間空蕩蕩的教室，因為所有的學生都缺乏學習動機——**這就是痛苦的功能**。

如果你能接受痛苦也有功能，那你就能明白：每一種基本人性，都有守護人類有機體的功能。就像「焦慮」，它的功能是什麼？想一想：如果您的小孩面對車水馬龍的大馬路一點都不焦慮，那他會怎樣？他可能就直接衝了過去，這下就換你焦慮了。焦慮，不就在保護人類免於被傷害的危險？

同樣的，如果焦慮是「空中預警機」，在提防危險事件發生，那憂鬱的功能是什麼？

「憂鬱」是人類面對失落時的自然反應，功能是在於保護生命有機體，免得因為失落的打擊，而忘記照顧自己，繼續付出，最後徹底垮掉。

很多人在憂鬱症（這裡指的是疾病等級的憂鬱）發作之後，才曉得應該關心自己身邊的家人，才知道生命中最大的資產，是這些關心自己與自己關心的人，而不是自己業績有多好，又賣出多少產品，升了什麼官，財富又增加了幾倍。

讀者不妨想像一下，類似的感觸，會發生在什麼樣的人身上？

答案當然很多，其中一個常見的，就是「中風」。就以中風為例：很多人在中風之後，才會開始感慨，為什麼自己在能跑的時候不去跑，到了中風之後，連想用走的都不可得了；也一樣會感慨，為什麼自己能在跟全家人一起去遊山玩水的時候不去遊山玩水，卻在那裡忙得昏天黑地；搞業績，勾心鬥角，搶升官；提心吊膽，讓財富倍增。等到贏得了全世界，卻失掉了自己的健康，那業績、頭銜、財富又有什麼意義？

很多中風者會說：**「如果一切能重來，那我會怎樣又怎樣……」**

敏感的讀者應該已經注意到：憂鬱症患者在症狀改善後的心得，跟中風患者的心得是一樣的，但是憂鬱症患者會好（熟年期的憂鬱症是屬於會改善的那種，這點在後面會提到），中風患者只能做復健。死掉的腦細胞就永遠沒辦法復生了，充其量只能利用其他的腦細胞替代性的恢復部份的肢體功能。

在某種意義下，憂鬱症就是中風患者心中最大的渴望；「如果一切能重來，那我會怎樣又怎樣……」而非常有趣的，在治療上，如果憂鬱症患者能重新展開生活，投入這個社會，那改善或痊癒的機率就會快速上升；如果憂鬱症患者繼續縮在家裡，像中風患者只能做在輪椅上，那憂鬱症就會像中風靠攏，而一直難以改善。

憂鬱近似身體自保的機制

透過這個對比，讀者不難發現：憂鬱症近似一種身體自保的機制，它在告訴人們：「**警告！你已經濫用自己了，生命有限，請及時行樂。**」

如果人們不要用「意志力」強行克服憂鬱症，而是讓自己就這麼倒下，那也許就能逃掉在未來中風的劫難了。事實上，憂鬱症能保護的，又何止中風？過勞死、心肌梗塞、糖尿病、各種癌症，不都是憂鬱症所保護的範圍呢？

但是，我們有必要讓身體耗損到這麼絕，產生了憂鬱症，來獲得自保的機會嗎？就如先前提過的：憂鬱症會造成個人工作能力、社交能力與健康的減損，一位原本在事業、家庭或自我實現上有所成就的人，可能因為憂鬱症的發作而被資遣、喪失原有地位或角色，也等於喪失他在人生下半場揮灑自如的機會。

我們承認：與中風等重大而且無可挽回的疾病相比，憂鬱症提前預警了人類，相較之下比較好了，但損失也已經很慘痛，有沒有可能：將預警的成本再大幅縮小，在「憂鬱」演變成為「憂鬱症」之前，就敏感的察覺到異狀，將災害限縮到更小的範圍？

有的。答案很簡單，就跟中風、心肌梗塞、糖尿病的預防一樣，首先，注意「發病前的各種危險徵兆」；其次，就是「定期健康檢查」。

在國外，擁有自己的心理醫師是很普遍的事，而且並不是因為有心理問題而才擁有自己的心理醫師，而是透過固定間隔的會談，由心理醫師從生理、心理、社會三個角度來判斷自己的身心健康是否在良好狀態。這並非意味著自己心理有病，需要治療，所以這樣的會談，也不是心理治療，反而比較接近「心理健康檢察」。

舉例來說：一位熟年女性，突然發現自己非常容易動怒發火，而且對象都是先生，但是對於自己父母，則經常感到罪惡感，偶爾會哭泣；同時，她也發現自己月經變得很紊亂。她到婦產科看診，醫師告訴她，她應該是要進入停經的時刻了。

那麼，她對先生易怒，對父母感到罪惡感，是因為心理上的議題嗎？例如：突然發現父母變得好衰老，充滿罪惡感；而先生與自己又沒有心靈上的契合，倍感孤單之餘，把婚後忽略了娘家的罪惡感轉變成對先生的憤怒發洩出來？

還是說，她因為停經期的賀爾蒙變化導致了這一切？或者加重了上面的情緒反應？那賀爾蒙變化強度是否與情緒反應變化成正相關？如果不足以解釋，那又有什麼其他潛在的原因呢？最後，她的情況是否已經達到病態？是否需要醫療的介入？如果不介入，在未來，會自己又恢復一個平衡狀態嗎？

這就是「心理健康評估」的工作。由於心理醫師已經長期了解這位熟年女性的狀況，有大量對該女性的資訊，只要短期幾次會談，就可以做出判斷，看是否需要進一步治療，還是繼續觀察就好。

但根據筆者的理解，在台灣，能理解有這樣服務的民眾少，具備能同時提供生理、心理、社會三方面完整評估的治療者更少。因此，就務實的角度而言，讀者就只能將重心放在靠自己進行「發病前的各種危險徵兆」的發現上了。（註：制度面不是不重要，但這種能兼具多重專業的專業者養成，與社會風氣的改變，絕非一時三刻的事，討論之，對讀者並沒任何助益，因此略過不提）

既然，需要自行判斷「憂鬱」的存在與否，以及是否已經達到病態的程度，那麼讀者就得對「憂鬱」的現象有所了解了。

憂鬱諸相

很多人都以為，憂鬱就是心情不好，所以只要捫心自問，就可以知道「憂鬱」存在與否。

事實上，這想法是大錯特錯的。

原因很簡單，跟東方男性往往無法表露自己的情緒一樣：還能說得出口的憂鬱，通常都還不是太嚴重；但隨著憂鬱程度的逐漸加重，內心感覺到的低落情緒不一定會加重，甚至可能會減輕，因為哀莫大於心死——心都死了，何哀之有？其實一句成語「無語問蒼天」，就是悲哀到極點的寫照！

這情形在自殺者身上很常見：很多憂鬱症患者在決定自殺前夕，反而心情會變得開朗起來，原因很簡單，因為她已經決定一死百了，她所有的內心枷鎖都不再是問題。她連死都不怕了，她還怕什麼？她還有什麼好損失的？她還要難過些什麼？她還需要煩惱什麼？沮喪些什麼？她的人生要停損了，她豈能不感到一種解脫的淡淡哀傷卻平靜的感覺？有人（包括專業人士）在這階段，甚至可能高興的說：「妳終於走出來了。」幾天後，當事人就自殺成功了。這是何等的諷刺！

因此，要判斷憂鬱，捫心自問或詢問對方，可信度是非常低的。我們必須透過「觀察」的方法來提升準確度，甚至，連面對自己的情緒也是一樣的，一個最常見的例子就是「**記憶力減退詭論**」。

・憂鬱影響記憶

不少熟年人士都有種「自己的記憶力大不如前」的感覺，自己剛說過的話、要做的事，才剛說，馬上忘。有些人還會擔心：自己是不是開始有老人癡呆症的跡象了。

但很有趣的，經過專業引導，話匣子一打開，哇，滿腔苦水就開始宣洩而出了：從公司上遇到的問題，同事做事怎樣不負責任、年輕一輩的新進人員工作態度如何糟糕，到小孩怎麼不聽話、在外面又闖了什麼禍，老公怎麼不體貼、什麼事情都放給她一個人去處理……劈哩啪啦講了一堆。

這可就有趣了——如果是老人癡呆症，記憶力減退，那麼怎麼有辦法記住生活中這麼多不愉快的事情？一個連自己家住哪裡都會忘記的老人癡呆症患者，應該是根本記不住這些煩惱的；倘若說，只是有老人癡呆症的前兆，記憶力開始減退而已，那生活應該是漸漸諸般煩惱不掛心才對啊？因為都忘光了，不是嗎？哪來這麼好腦力，把這麼多煩惱給記得這麼滾瓜爛熟？

答案很簡單：因為憂鬱已經悄悄出現了，導致人們偏向負面思考，專門記住負面事件、諸般煩惱；當然沒有剩餘容量去記住自己原本想記的事情，所以才會馬上說，馬上忘！這是憂鬱在孳生，不是記憶力減退。

但絕大多數人在這階段都不會感覺到自己憂鬱，只會覺察到自己記憶力減退。憂鬱症本來就會造成「假性老人癡呆症」的，一旦憂鬱狀況改善，記憶力都回來了。但是觀察記憶力比較容易，觀察憂鬱卻相對較難。因此，不要以為自己憂不憂鬱，自己最了解，其實，如果不靠下列幾種方式，連專業人士都不見得能自我覺察。

•憂鬱影響認知

「認知」指的是一個人認識環境，並據此做出判斷與反應的過程。

在不同的環境當中，面對不同的人、事、物與動作，你卻依然清楚置身何處，現在狀況如何，到底是什麼回事，而你又該做些什麼——這就是認知的功能。而憂鬱會明顯扭曲認知的正確性。

人人應該都有過類似的經驗：當你心情不好時，原本很平常的動作或人物，也可能讓你掉眼淚，或是對未來的發展很不樂觀；相反的，當你心情很好的時候，就算挨罵，你也會很興奮，對事務的發展也都偏向樂觀解釋。

古今中外文學作品裡頭多的是例證，例如：「草木含悲」——草木本無心，怎麼會含悲呢？悲傷的應該是作者的心情吧！也因此，心理工作專業人士在詢問老人家的心情時，不會直接問老人家：「你心情好不好？」正確的問法是：「你的兒孫對你孝順嗎？」因為你採取第一種方式，老人家可能根本聽不懂什麼叫做「心情」，就算懂，也未必能正確覺察到自己心情；而採取第二種方式問，如果老人家心情不好，當場就可能用衣角擦起眼淚了。

事實上，所有的人都一樣，憂鬱加深的時候，就像戴了一副灰色的眼鏡，眼前所看出去的，通通都是灰色的，充滿了悲傷與無力感。

如果觀察憂鬱的發展時，認知的改變更是清楚：憂鬱在剛開始的時候，患者的注意力開始從外界慢慢退卻，他們忽視正向而快樂的事實，卻只在意無力、無助的那些事件。

隨著憂鬱的加深，患者的視野也越來越小，他們不再去參與社會的活動，不再像以前一樣，那麼關心世界上的各種新聞，相反的，患者只是一心一意的關注著自己，或是一些已經發生，卻又無力挽回的事件；憂鬱繼續發展的事實，也讓患者喪失體力去參與各種活動，於是患者越來越是意興闌珊，成天躲在自己的世界裡頭。

‧憂鬱影響言語

在輕度憂鬱的狀態下，患者的講話速度可能上升，也可能下降。但是語氣通常是變得比較軟弱，而態度也顯得比較不確定。

通常，焦慮越強烈者，講話速度會上升，當事人言語顯得急躁而不耐煩。焦慮較弱者，當事人的語氣就和緩，而顯得有氣無力。有時，這兩種情形會交替出現。

當憂鬱慢慢加重時，患者的言語速度通常會慢慢減緩，患者即使依然容易發脾氣，但通常沒能力用繁複的語言來表達自己的情緒。所以我們會觀察到的是患者的表達能力在下降，要說不說的，很沒精神。

當憂鬱到相當嚴重之後，患者的言語速度可能慢到會出現「中斷」的現象。有些時候，你問過一句話，須等上幾分鐘之後，患者才能給你回答。甚至，患者連講話的意願也沒有了。

‧憂鬱影響思想

憂鬱毫無疑問的，會影響思想。憂鬱帶來灰色的思想，當事人往往事事朝向悲觀的一面去思考。常見的現象是：對未來預期的失敗，對自己價值的否定，對自己或他人能力的否定，對可能的一線生機的否定。

基本上，「否定」是憂鬱的特徵之一。

當憂鬱逐漸加重，到達病態性之後，還可能出現一些與憂鬱相關的執著或妄想。諸如：罪惡妄想、貧窮妄想、虛無妄想等等。

在罪惡妄想部分：患者堅信自己的邪惡，堅稱自己因為一些過錯，已經鑄成大錯，永遠無法彌補，而且即將受到懲罰——即使這些過錯小之又小，可能只是闖黃燈而已，但患者依然會相信自己會因此而入獄或被重罰。

貧窮妄想指的則是：患者相信自己一貧如洗，所有財富都已經消失，無依無靠，孑然一身。而虛無妄想是更嚴重的憂鬱性妄想——患者相信一些東西已經沒有了，不復存在了，例如：這個世界已經毀滅了，一切生命都沒了，它只是個空軀殼而已，行尸走肉，一切都不復存在。

• 憂鬱影響行為

憂鬱既然會影響上面的幾種精神功能自然會透過行為而表現出來。行為是最容易被外界所發現的一種憂鬱特徵，但也是很容易為外界所忽略的部分。

最典型的憂鬱行為，就是動作變慢、反應變慢、思考變慢、表情減弱，患者像個未老先衰的老頭，一切都是慢吞吞的。而且，對於外界傳來的好消息一點反應也沒有，整個人沉浸在悲觀的念頭當中。

通常，憂鬱在較為輕微的時候，行為的改變比較少，當憂鬱變強時，行為的改變就會很明顯。這時，就可能會發生一種情緒與行為脫節的現象——患者不斷抱怨自己心情不好時，其實還沒那麼憂鬱；等到患者不再抱怨時，憂鬱已經達到了非常非常高的狀態。

讀者也許不相信：憂鬱症患者的自殺高峰期是在憂鬱改善後，剛出院的一週內。——因為憂鬱症患者在最嚴重的時候，雖然一心想死，但是卻毫無動機與體力來實施自殺動作；等到憂鬱將好未好時，內心尋死意念還強，但行動力已經恢復了，這時，正是自殺的最高危險期。

• 憂鬱影響生理反應

憂鬱除了會影響心理層面，也能直接影響生理層面，常見的包括：頭痛、頭暈、頸部酸痛、手腳冰冷、手腳輕微顫抖、喘不過氣來、彷彿吸不到空氣、心悸、胃痛、便秘或腹瀉（甚至兩者交替出現）、全身懶洋洋、提不起勁、不太想動、什麼事情都不想做、缺乏食慾（也有可能食慾反而異常增加）、失眠（但也有可能整天嗜睡）。在男性身上，可能出現陽萎的情形；女性則可能出現經期混亂、月經中斷、痛經、或是性冷感等。

憂鬱性的失眠主要發生在早上，患者會很早醒過來，然後一醒過來，就再也不能入睡，只覺得心煩氣躁、心情惡劣、昨晚有睡等於沒睡一樣，患者往往會想到接下來的一天又要開始了，越想越焦躁，不知道如何把這些時段給打發掉。

常有的情節還包括：患者醒來時，發現其他人都還在安睡中，只有自己獨自醒著，感到無盡的空虛與寂寞——這些都是憂鬱型失眠的特徵。

通常，比平常時日早醒超過兩個小時，而且無法再度入睡的話，顯示憂鬱頗為嚴重，這情形在醫學上有個專有名詞——早醒型失眠。

•憂鬱影響求助意願

一般來說，心理問題在逐漸惡化的過程中，會讓當事人越來越難受，到最後不得已，只好向外求助。

就以焦慮為例：原本只是輕微的焦慮時，當事人可能置之不理，或是以為自己工作太累，休息個一兩天就好；等到焦慮繼續惡化，當事人若還是不理，那麼要承受的痛苦代價可就高多了；如果焦慮繼續惡化，那麼當事人只要知道有求助的管道，而且自己的方法也都用盡了，那幾乎都乖乖接受治療的。

所以，從焦慮發展到焦慮症的時間通常比較短，除非當事人真的很鐵齒，硬要靠自己的辦法撐過去，要不然就是不知道有專業求助的管道，再不然就是觀念上被媒體或耳語的錯誤說法給扭曲，因而不敢向專業求助。

但是憂鬱則恰恰相反。

憂鬱本身不但是問題，它在發展的過程當中，還會一步一步攻佔當事人的心，讓當事人越來越認為自己是沒有價值的，不配接受別人關心的，更沒有必要接受治療的……結果就是——當事人自我貶低：「我這種爛人，根本就是米蟲，死了就算了，不值得別人的關心，治療只是白花錢」，自己斷了向外求助的道路。

由於憂鬱有這種「**越嚴重反而越沒有意願向外求助**」的特性，使憂鬱的發展成為一條不歸路——一旦沒有在臨界點之前拉住當事人，憂鬱就會繼續孳生更多憂鬱出來，最後真正發展成為憂鬱症。

而且在發展成為憂鬱症之後，求助意願的下降不但不會停止，還反而會加速，當憂鬱症發展到一定程度時，患者會認為這一切已經無法改變，而且沒有人能夠幫助他，這即是所謂的「無助感」。

在嚴重的無助感影響下，患者將會抗拒別人伸過來的援手，不向其他人吐露心事，最後，則是最深沉的憂鬱——**「無望感」**——對未來不再抱持希望，認為這一切悲慘事件就會永遠永遠的繼續下去，永遠沒有結束的一天。這時候，感覺唯一能夠做的，就是設法自己了斷，以讓這悲慘的故事結束。

這個列表是無止盡的。但是它卻已經提供了相當多的線索讓人們去審視：自己或對方憂鬱的程度，再來，判斷與分析的能力就要交給下一棒囉。

11. 熟年殺手——憂鬱傾向（下）

將發展中的「惡性憂鬱」擋住，不要讓它發展成憂鬱症；而自然存在的「良性憂鬱」，就順其自然，讓它成為自己生命中的一部份，發揮它原有的功能——這就是面對憂鬱的基本原則。

但是，生命中處處是悲歡離合、喜怒哀樂，我們要怎麼揪出可疑的「惡性憂鬱」？

筆者在此提供四個判斷的法則：

第一種情形是：**憂鬱已經開始自我繁衍憂鬱，不再反映真實世界中的悲喜情境**。也就是說，當事人開始因為憂鬱而憂鬱，而非因為遇到生活中本來就應該憂鬱的事件而憂鬱。

第二種情形是：當事人開始「**憂鬱不欲人知**」——不管是基於什麼理由，這往往就是憂鬱已經開始侵犯人類「求助本能」的時候。因為求助本能是生命有機體用來維護自已存續的重要工具，也是人類自保的最後一條防線，一旦遭到破壞，那不只憂鬱，任何有害情緒或思想都可能成為致命的病原體，就好比愛滋病患者一樣，喪失心理抵抗力的個體，憂鬱就會毫無節制的蔓延下去了。

第三種狀況是：**不合邏輯、與事實不相干、在現實生活中找不到理由的憂鬱**。例如：明明遭遇的都是好事，當事人卻反而憂鬱起來——像這這種情形，很顯然的，憂鬱若非是來至自於當事人記憶深處的創痛，就是來自於累積很久的困境，而在熟年時期爆發來而已——這種長年糾結的創傷往往又深又複雜，不管牽涉的層面極廣、影響的人很多、涵蓋的愛恨情仇各種情緒極深、一旦壓抑不住而爆發起來，那力道也會難分難解。

最後一種憂鬱與第三種有點類似的地方是：當事人呈現出來的反應相當不合邏輯、與事實不相干，但與第三種相反的是：**明明遭遇了一堆應該哀傷的事件，但是個案竟然沒有反應，反而有種淡漠或異樣豁達的神情**——這種反應，絕對是警訊：因為，一個人如果豁達，從年輕時代開始就是豁達的人了，絕對不會突然之間，因為「想通了」，所以瞬間轉了性——

能做到這點的，只有傳說中釋迦摩尼一個人才辦得到吧（而且他還是成了佛，渡化無數眾生）。就算你們家真的出了個佛陀，悉達多（釋迦牟尼佛成道以前的名字）也放棄了王位，苦修多年，捨棄一切，至少也在菩提樹下靜心靜坐七天七夜，了悟一切的虛幻，生是虛，死何嘗不是幻？這下才放下一切的。

那麼，您所見到的人或是自己，真的了悟到這一切了嗎？釋迦牟尼可沒去自殺喔！相反的，他感受到的是無盡的喜樂。事實上你是這樣嗎？如果不是，那可就糟糕了。

這四種情形（但不限這四種）都暗示一個熟年憂鬱症的風暴即將來臨。當然，為什麼在此特指「熟年憂鬱症」？

答案非常簡單：**因為好發在熟年時期的憂鬱症本來就不太一樣**。

至於到底有多麼不一樣？這個可就說來話長了——但是，筆者認為這絕對有討論的必要性，因為這根本是過往不妥當的翻譯，在近年來名人、政府、媒體跟急於增加知名度的「專家」搞出來的大烏龍，不僅誤導了社會，也讓無數資源用在刀口以外的地方上，更是間接害了不少無辜的生命。

不知所云的憂鬱症

從過去到現在，從來沒有一個心理障礙像憂鬱症這樣，受到輿論如此的重視；也從來沒有這麼多名人，跳出來承認自己罹患有憂鬱症，面對社會大眾侃侃而談自己生病的經驗——偏偏看在精神科醫師眼裡，只能啼笑皆非。

甚至到最後，劣幣逐良幣，精神科醫師面對大量認為自己有憂鬱症的患者時，實在已經辯無可辯、說無可說，乾脆就順著患者的意，一律講「憂鬱症」，皆大歡喜。甚至連上媒體時，明明就不是憂鬱症的，記者還會交代一句：「你講這些太複雜了啦，觀眾聽不懂，直接講憂鬱症，簡單明瞭，可不可以？」

事實上，精神醫學提到「憂鬱症」時，通常是指「**重度憂鬱症**」，最容易發作於四十歲以後的熟年時期，而且要用藥物與心理治療策略性並用，效果才會好，光用藥物治療或心理治療任何一種，效果都不彰。

但是這類「重度」憂鬱症可能一點都不嚴重，也可嚴重到發瘋似的：從極輕微到最嚴重、甚至合併精神病症狀者都有。所以，診斷原則上又分成「**輕度**」、「**中度**」、「**重度**」、「**重度合併精神症狀**」這幾種。

好啦，那什麼叫做「輕度重度憂鬱症」？這到底是說病情很輕？還是很重？還是輕不異重，重不異輕？精神科果然是玄之又玄，眾妙之門——

反觀跳出來勇敢的大聲承認自己有憂鬱症的，都是一些二、三十歲的年輕人，還會分享自己抗鬱的經驗給其他人聽：這更奇怪了──**明明好發年齡在四十歲以後的憂鬱症，怎麼放眼望去，都是大聲坦白的年輕小夥子？**

若要了解其中關鍵，讀者只要記得：以情緒障礙為主的疾病，少說也十來種。然後在心中想像一個憂鬱症患者的模樣。諸如：經常負面思考啦、悲觀啦、沒自信啦……之類的特質。

完成後，筆者把重度憂鬱者症的診斷原則跟情感性低落症的診斷原則列在下面，您姑且斟酌一下：

1.重度憂鬱症

所謂重度憂鬱症，就曾經生重度憂鬱發作，而沒有躁症發作，更重要的是：好發於熟年的情感性疾病。而且所謂重度憂鬱發作（major depressive episode），指的是一種具有相當嚴重程度、且持續時間太長的憂鬱。

・你有重度憂鬱症嗎？

根據目前最通用的診斷法則DSM-IV，重度憂鬱發作必須符合下列幾個條件：

I. 下列兩種症狀當中，至少符合一項

A. 連續兩個禮拜以上，幾乎每天都處於異常的低落情緒當中

B. 連續兩個禮拜以上，幾乎每天都異常的失去所有對事物的興趣

II. 在憂鬱的兩個禮拜中，出現下列症狀中至少五項，或者五項以上：

A. 異常的低落情緒

B. 異常的失去所有興趣

C. 食慾異常減少（體重減輕）或食慾異常的增加（體重增加）

D. 睡眠異常減少（失眠）或異常地增加（嗜睡）

E. 活動上的異常，包括異常的遲滯或異常的躁動

F. 異常的疲倦或失去體力

G. 異常地自責或感覺到不適切的罪惡感

H. 專注的能力減弱，或者容易猶豫

I. 有自殺的念頭或行動

III. 這些症狀不是因為與情緒無關的精神症狀而引起的

IV. 此期間沒有躁症發作、躁鬱混合發作、輕躁發作

V. 這些症狀不是因為藥物、身體疾病、毒品而引起的

VI. 這些症狀不是因為驟然失去親人，而身處於傷痛反應之中導致的。

倘若患者的憂鬱已經符合上面的幾個條件，這時就可以稱之為重度憂鬱發作。當患者只有重度憂鬱發作而沒有其他的躁症發作、躁鬱混合發作、輕躁發作時，就可以稱之為重度憂鬱症。

2. 情感性低落症

重度憂鬱症的憂鬱是因為強度太強，又持續太久，會因此影響患者的日常生活功能，所以才會給予診斷。但在一些患者身上，我們發現他們的憂鬱並不算非常嚴重，但持續的時間更久，通常高達兩年以上，這時候，雖然沒有辦法符合重度憂鬱症的診斷，但也不太能視之為正常，所以另外給予了一個診斷，叫做「情感性低落症」（dysthymic disorder）。

・什麼是情感性低落症（dysthymic disorder）？

情感性低落症的診斷必須符合下列幾個條件：

I. 連續兩年的時間內，患者自覺（或他人發覺）自己幾乎每天都處在憂鬱的情緒底下。附註：倘若是兒童或青少年，情緒可能是以躁動不安來呈現，而且只須一年時間即可診斷。

II. 憂鬱的時候，會出現下列兩種，或兩種以上的症狀：

A. 食慾下降或是食慾異常增加

B. 失眠或是嗜睡

C. 缺乏體力或疲倦

D. 缺乏自信

E. 注意力不集中，或是容易猶豫

F. 感覺到無望感

III. 在這憂鬱的兩年裡頭，憂鬱不曾連續消失兩個月以上。

IV. 在憂鬱開始的前兩年裡頭，不曾有過重度憂鬱症的發作。

V. 不曾有過躁症發作、躁鬱混合發作、輕躁發作的經驗。

VI. 這些症狀不是因為藥物或身體疾病所引起

VII. 這些症狀已經造成了患者明顯的社會、職業、或人際關係上的功能障礙。

這兩者有什麼不同？一言以蔽之，就是症狀強度跟型式——

「重度憂鬱症」就像夏天的午後雷陣雨，說來就來：先前還是晴空萬里，轉眼間，風雲變色，豆大雨滴就緊接傾盆而下，雷雨交加，一段時間後，雨勢稍歇，天色漸亮，隨後就走著這個循環，天色越來越清朗，直到最後，若非地上積水未消，躲在冷氣房裡的上班族要返家時，可能還不相信剛剛曾經下過雨。

「情感性低落症」就完全不一樣了，它宛若淫雨霏霏的春雨，說有似無，欲停又有；時而春寒料峭，時而春暖人間；但那天空就是始終一個樣：說晴不見日，說雨不見雲，只見灰濛濛的一片，無邊無際，無始無終，好像時間就凝結在這個剎那間，再也不會改變。

前者，就是精神醫學原本最關切的情感性疾病，因為在那陣狂暴的「憂鬱發作」來臨以前，當事人可能是好端端的，甚至是開朗活潑、交遊廣闊的。等到憂鬱發作時，在很短的時間裡面，當事人可能就換個人似的，情緒一下子從雲端跌到谷底。

有些時候，我們可以找到心理性的原因，諸如：個案事實上是個很孤單寂寞的人，但是因為工作忙碌的關係，忙得團團轉之餘，跟本沒時間思考太多，可是在退休之後，不必工作了，孤獨感一下子湧上心頭，很短時間內，情緒立刻就掉到谷底——像這種心理性因素造成的憂鬱症，我們通常稱之為「**心因性憂鬱症**」。

但許多時候，當事人可能完全找不到原因，就莫名其妙的陷入強烈憂鬱當中，而且，我們可能在他的家族成員裡面，發現不少人也有類似的現象，那我麼會向於用生理性因素解釋。

但無論如何，這類情緒障礙疾病很早就被發現了，研究者發現這群人最常發病的年齡是在四十歲上下，有一部份人只發病一次；另一部份人是會反覆發作的，發病的時候，就是非常的憂鬱；不發病的時候，情緒就持平，頂多只有發病後殘留的一些輕微憂鬱症狀。這群人發病的時候，就算不治療，通常自己也會好，但是要忍受痛苦長達一年多；如果接受治療，無論是藥物治療或是心理治療，發病時間都會大幅縮短，但很難完全避免下一次的發作。最有效的治療是合併藥物與心理兩者。

由於這類個案的情緒呈現一個鋸齒狀的情緒波動：可能是數月的發作後，經過治療，恢復樂觀的自己，經過數月到數年，甚至是十餘年的寧靜後，再度又發作一次——這就等於是大地震之後，經過漫長的努力，重建工作進行的差不多了，然後再來個大地震，把一切重建的工程全數毀於一旦——不難想見，個案的人生會有多支離破碎了吧？

所以，這種情緒疾病長久引來精神醫學家的注意，將之稱為「**Major depressive disorder**」，第一個字——「Major」的意思，與其要解讀為「嚴重的」，不如解讀為「主要的」，才能符合設立本診斷的初衷，這樣一來，讀者自然能明白：為什麼還會分輕度、中度、重度、重度合併精神症狀四個等級了。「輕度主要憂鬱症」——這總比「輕度重度憂鬱症」容易理解吧？

但無論如何，Major depressive disorder 的中文翻譯就已經約定俗成為「**重度憂鬱症**」，而「輕度」到「中度」卻是比例最高的一群，精神科醫師只好乾脆通通簡稱為「憂鬱症」，這個名詞自然就開始被濫用了。

好發於年輕人的情感性低落症

但真正被混淆的最嚴重的，卻不是在此。而是在「情感性低落症」。這個疾病非常拗口，不紅，人氣指數很差，卻偏偏普遍存在於二十幾歲的年輕人身上。特徵就是：剪不斷、理還亂的壞心情。它的心也是會波動，時好時壞，但是絕非「重度憂鬱症」那樣久久來一次的大地震；而是一天之中，就不知道要發生幾次的小小有感地震。

當事人可能早上起床心情還馬馬虎虎，下了床，到浴室梳洗時，才發現昨天一再告誡自己去大賣場時一定要記得買洗面乳，結果還是忘了買，如今用光沒得用了，心情一下子壞到谷底。

憤憤地離開浴室，看到手機簡訊，發現好友來電，演唱會門票買到了，心情一下子又好了些，但是一想到今天的課，又覺得好累好累，只想躺回床上去，可是躺著又睡不著，只覺得一天好漫長，不知道要怎麼過；而這種日子還要再過多久，想著想著，沒來由的，忽然又想哭了……

像這一類的，就是螢光幕上，比較容易出現的「憂鬱症自白」，但它不是學術上的憂鬱症，正確的名稱是「情感性低落症」，但從憂鬱症一詞被濫用之後，就被張冠李戴至今。該症好發於二十幾歲，對藥物治療的反應也不佳，心理治療才是比較有效的解決之道。如果會出現在熟年人事身上，那表示應該是從二十幾歲發病至今都沒得到改善了。這問題，不是熟年人士的「憂鬱症」，筆者不打算討論它。

熟年憂鬱症？

弄清楚真正的憂鬱症之後，為了避免混淆，筆者並不打算使用「熟年憂鬱症」這個名詞來形容：熟年人士容易發生的「重度憂鬱症」，不過，反正讀者只要有個認知就是：要是以後聽到「熟年憂鬱症」這個名詞，那就是在指那種「大地震式」的重度憂鬱症，而非「藕斷絲連」的情感低落症。

根據目前已知的研究顯示：好發於熟年時期的「重度憂鬱症」有下列幾個特徵：

1. 首次發生的機率大致上從四十歲左右開始快速增加，而後以較為和緩的速度繼續上升，直到老年。
2. 發生的機率女性顯著多於男性。但後來的研究顯示：男性的發生機率可能被嚴重低估——因為男性憂鬱發作的時候，有比較高的機率採取酗酒的方式來麻痺自己，或是使用非法的興奮劑（嗑藥）來振奮自己，當然，也可能縮在自己的角落唉聲嘆氣，或者乾脆強忍住不講。結果診斷就會分別變成：酒精濫用或成癮、物質濫用或成癮、社交畏懼症——最後一種則根本不願意接受治療，所以連診斷都沒有。要是把這些「黑數」加起來，說不定熟年男性比熟年女性還容易陷於憂鬱。
3. 發病者通常關心別人遠遠勝過自己，而且做事力求圓滿，事事周到，犧牲自己在所不惜。
4. 發病者有種社會孤立的傾向：專注於工作，但是除了工作以外，就幾乎沒有知心朋友了。平時也不參加什麼社團活動。對一般人感興趣的政治、經濟、娛樂星聞、運動競賽、環保、教育、文化傳程公眾利益，通常都是不太感興趣的。

可能的原因包括——

1.**生理性因素**：不管是男性還是女性，熟年時期是許多內分泌改變與細胞再生周期的時間點。尤其女性，有一個正要的時刻——更年期。

女性荷爾蒙的快速減少、停經、生殖周期終止，所有伴隨著生殖周期而存在的一些生理特色，諸如：高免疫力、高動情激素與黃體素、高鐵質代謝率、高新陳代謝率等等，都會跟著降下來；而男性部份，其實變化的部份也不少：熟年時期，生理機能，從男性內分泌、免疫系統、新陳代謝、消化能力……男性生理的改變，絕對不會比女性生理的改變來得少。

2.**性功能變化所帶來的影響**：這部份影響層面一部份來自生理，一部份來自心理。但是必須值得強調的是：就算是大家公認的生理性影響，例如——女性更年期，也絕非單純只有生理上的影響而已。

事實上，任何會影響生理的事件，都一定會影響生理；反之，任何會影響心理的，也都會影響生理。就像女性面對高度屬於生理性因素的更年期，也會因為心中產生：「那我還算是個女人嗎？」而對自己開始產生疑義；而男人呢？看多了各種民俗醫療的廣告，也會相信：不舉、舉而不堅、堅而不久、早洩等，會嚴重影響自己身為男人的價值——很有意思的，這在東西方似乎皆然。

3.空巢期問題：子女逐漸長大，為了學業或工作，而陸續離開家裡，到異地讀自生活；若是有了對象，結了婚，那重心更是永遠離開原有的家庭。而父母均已年邁，若不是常年住院，就是輪流由兄弟姊妹照料，或是請外傭照顧。但由於各人有各人要忙的事情，而老人家因為表達能力的退化，親子之間的情感與思想上的交流也會越來越少，一般我們在描述的「空巢期」，多數以西方的小家庭為模型，但在東方，往往多上一位或兩位依舊難以進行情緒交流的長輩——但實質上還是空巢期。

4.工作遇瓶頸：正如先前所述的，到了熟年，人類與社會的關聯性已經越來越不穩定——若非工作已經到了一個瓶頸、難以突破；就是生涯的高峰大概已經抵定，熟男熟女們自己心裡自己也已經有數，知道自己一生所能達到的最高成就，大概就是這個樣子了。隨之而起的「無望感」，正是憂鬱症的溫床；再不然就是面臨退休大限的接近，過去不管多麼辛苦、打下多少江山，此刻都得面臨拱手讓人的窘境。

當然，真正的原因還是老話一句：不清楚。而且，恐怕根本沒有一個單一而簡單的答案。

面對熟年時期的憂鬱症，我們的心態必須保持開放，接受所有的可能，畢竟，人類心靈的苦難，永遠是來自四面八方、而且可能是千奇百怪的。除非我們主動貼近，用它的方式接納它，否則我們永遠沒辦法弄清楚它的模樣。

應對之道

很多時候，我們會說：靠山山倒，靠人人倒，靠自己最好。

但是遇到醫學問題時，這句話就得斟酌再三了。因為，前一句話的立論在於「Trial and Error」——從錯誤中學習：只要你能從每次錯誤中學到寶貴的教訓，那自己動手嘗試，將是最好的選擇。

但是面對生命，不管是您親人的、朋友的、甚至是您自己的，您有多少次失敗的機會？而您失敗的成本，將要由誰來承擔？

很多人會說：「那麼，我自己的命，我自己總可以支配吧？」

事實上，這是大錯特錯的。因為，您的命，背後有個非常龐大的「沉沒成本」：所有愛你的人、關心你的人的心——而當您是越好、越良善；面對生命苦難越無辜、越無奈的人時，你所會牽動的心靈就越為巨大——除非你是個沒血沒淚、沒心沒肝、不要臉、不會難過、踐踏別人還會很快樂的混球。

如果你不是，那你的命就很重要，非常的重要；而且，你的人生過得有多痛苦、徬徨、無助、悲喜交織，你的生命就有多重要——就算你割著腕，流著血，臉上還帶著殘酷的笑；就算你吸著根本搞不清楚的毒，每天醒在不清楚的房間，推開不知道是誰的另一個男人或女人……

只要你還能讀到這段話，或是被告知這件事，那就代表還有人愛著你——雖然，愛著你的那個人或「愛」這個字本身，就是傷你最深的東西，但是這不代表沒有人能帶你走出來。

關鍵在於**療癒力**。

那是一種由治療者的天賦、專業、機緣、長年由生到死、再由死到生的反覆鍛鍊與連自己也不明白的堅持所淬煉的精華。但相對的，它也相當的昂貴，所以關鍵要素就變成了求助者的資源有多寡，以及供給者能將自己的影響力放大到多少的問題——但這已經遠遠超出本書的範圍，所以筆者將回到一個比較務實的層面來論述。

療癒與自癒

在真正療癒力不常見的狀態下，面對憂鬱症問題，我們還是得解決。而熟年時期的人士在面對問題時，往往有個傾向：不相信專業，寧可自行閱讀、自行判斷，有的人則乾脆去念原文精神科教科書，或是到處問醫師，貨比三家不吃虧。

但事實上，這觀念是無效率的。因為憂鬱症太多種了，診斷已經很複雜，治療更複雜，好比唸法律，六法全書就在那裡，法條就寫在那裡，你唸過一遍，你就敢上法庭了嗎？恕我直言，每一個法律用詞都有特殊意義，例如：「行為」跟「作為」，「善意」跟「善良」，「故意」跟「意圖」，這三組名詞的意思都是截然不同的，法律上效果也不同。如果沒唸過法律，能分得出來嗎？醫學也一樣，診斷效果或治療效果也是大不同的。

就從診斷來舉例：精神醫學的標準化程度很差，不管是中文還是英文都一樣。有的精神科醫師偏重焦慮，那診斷可能為「廣泛性焦慮症合併憂鬱」；有的精神科醫師偏重憂鬱，那診斷可能為「重度憂鬱症合併焦慮」——同一個問題，六位精神科醫師可能以六個診斷來描述。

對於精神科醫師們而言，並不感到困擾或訝異，甚至都能勉強接受，因為這六種診斷與修飾用語都是很熟悉的，六個診斷固然不同，但是經過修飾後，都已經差不多——甚至，就算省略修飾用語也沒關係，因為那已經是一種默契。

但是，如果有位精神科醫師下了個「自閉症」診斷，這可會讓其他五位精神科醫師大搖其頭——雖然憂鬱症患者看起來很自閉——但是，「自閉症」的自閉另有其意，就算原文書上關於自閉症的解釋看起來很類似憂鬱症，但是光是要能區分自閉症在症狀學上的「成人版本」，就讓一位二十世紀的精神醫學家成為精神醫學史上名垂不朽的大師（筆者在此使用「成人版本」只是症狀上的比喻，無任何其他實質上的隱射），更遑論診斷學、病理學、神經學、神經生理學、神經生化學……之間的不同。

然而，完全相信專業，那也是不對的。因為醫師可能沒時間分辨——每一種憂鬱症都表面很類似，但治療上可以完全不同，有的藥物治療有效，有的心理治療更有效，即便是開藥，有些藥物還會對特定憂鬱症比較有效——但在分辨這些憂鬱症時，耗費的時間在美國的標準是六十分鐘，緊急時不得低於六十分鐘。

到了國內，自費約診式會談固然沒問題，但健康不是有錢人的專利，即便是健保門診，雖然動輒幾十、上百號，也許做不到，但是不要忘記自己的就醫權利，不懂就問，只要態度客氣，醫師還是會願意多花一些時間在分辨上面。

在這邊，筆者會提供一些「向上管理」的技巧——醫師每個門診面對那麼多病患，他並不知道「你的教育程度如何？你所學有多少還給老師了？你的大腦生銹了沒？還能不能用？你有多用心？」他會據此判斷他可以講解精確到什麼程度；他也不知道「你危不危險」。

在這醫療糾紛頻傳的年代，醫師人人自危。「會不會被告」漸漸是醫師優先考量的項目之一，因為就算他清楚自己絕絕對對沒有錯，但光跑地檢署跟法院，就夠他煩了，醫師可不想因為看病而惹上麻煩。因此，如果你讓他感覺危險，他就會緊閉嘴巴，寧可搞壞關係，反正不做不錯，也比多做多錯好。

這現象在老一輩的醫師比較沒感覺，因為他們都位居副院長、院長層級，告也告不到，比較可以侃侃而談醫德。但在現在的主力醫師就越來越明顯，因為這些主力的醫師通常已經到了科主任與資深主治醫師等級，門診量最大，被告機率也最高，而科主任肩負醫療業務、教學業務與行政業務，被告的成本也最慘痛。這是為了照顧少數醫療疏失被害者，而必然會轉嫁由其他病患承擔的醫師自保式醫療的結果。

正確的做法是：**你應該相信專業知識，而且對於專業知識的取得，應該保持更加嚴謹的態度；而對擁有專業知識的人，你應該管理他們，讓他們願意對你貢獻自己的專業**

知識。

正所謂「攻心為上」——讓醫師覺得你們是重要的人物，而且是「友善」與「理性」的重要人物；更重要的，你們是「識貨」的，了解他（醫師）的價值很珍貴的，跟你們知無不言，是比較簡單好做事的；對他有利益；而他要承擔的風險，是可以接受的。至於如何展現你們的重要性、理性、與你們內心情緒的不安與可忍受的極限，這又是另外一門學問了。

這樣的態度，雖然普遍適用於所有與醫師互動，但在與精神科醫師互動時，一樣是適用的。

最後，筆者將方法整理於下：

1. **不要人云亦云**，「報派」的消息不可信，「報診」的疾病更不可信！

2. 唸書是好，閱讀原文資料更好，能看正統原文精神醫學用書最好——但**這不意味唸了一兩千頁原文教科書就能自行下診斷**——當然，如果您願意花七年重新從醫學系唸起，取得基本的腦部與其他器官互動的生理基礎；然後花五年專攻精神科，取得精神現象是如何在前述的生理基礎上產生的（例如：刺激大腦額葉的哪一個區域，可以讓人有種脫離自己身體，漂浮在空中，向下看著自己的經驗）；最後在花十年專攻心理，了解心理現象是如何與精神現象、社會現象跟生理現象互動，並累積大量實務，那我就沒話說了。

3. **善加利用醫師**。醫師並不清楚你們的狀況，他不知道可以說到多精確，他也不知道說了會不會害慘他自己。如果讀者能讓這些主力醫師敢於全力施為，以他們的治療經驗、知識、功力，將會是全然不同的診斷或治療效果。

12. 熟年，既是結束，也是開始

熟年的到來，是生命中必然發生的事件之一，既不是好事，也不是壞事：它不是一記警鐘，意味著生命時間已經不多，而您還有很多事情尚未完成；它也不是一個喜訊，向您道賀著：某些悲慘的年代已經結束，而您已經撐過那段難熬的歲月，清閒的日子就會在未來等著您……

事實上，對於熟年時期的來到，唯一能確定不過的——就是熟年時期的來到；也就是說：你的生理、心理、與社會結構，都會從過往的狀態，轉變為熟年時期之後的你——除此之外，沒了。

熟年不是結束

它是一個近乎中性的事件。本身會帶來許多改變，但是這些改變是無好無壞的，如果您不會善加利用，那您將不會從中得到什麼好處，當然，也不會失去太多優勢。

就像有些男人在熟年期間第一次體驗到「不舉」的經驗，嚇得如喪考妣，有如世界末日。心想，自己平時最重視身體健康的，而自己的身體也一直從來沒讓自己失望過，難道，難道，難道——自己真的大限已至了嗎？

不久，生平第一次主動跑到醫院要求進行最完整、最昂貴的全套身體健康檢察。忍了無數苦，受了無數氣，最後結果出來——

沒事。膽固醇有點高，其他都很好。

半信半疑的看著檢驗結果，而後，「不舉」的情形消失了，一切又恢復了原狀。戰戰兢兢的看著自己的身體狀況，不知道何時會再出現那可怕的情景，但是，那恐怖的「不舉」，不來就是不再來，宛若船過水無痕。

問了許多醫師，眾說紛紜，也沒一個準兒。看了許多書，就是找不到這種奇怪的毛病。會不會是某種重大疾病的前兆？怎麼問、怎麼查、怎麼看，就是找不到這種說法。總之，日子一天一天過去，「不舉」的問題似乎不再發生，看來，不淡忘也只好淡忘了。這件事，就只能當作一個心頭上的疙瘩……

也許讀者會覺得很好笑，但是，上述引號中的字眼，從「不舉」換成「左胸前劇烈疼痛」呢？換成「上身無力、快一個小時不能動彈」呢？「喘不過氣、無法呼吸」呢？如果不是單純的症狀，而是真正檢驗出來的結果，例如：「血糖超過兩百」呢？「血壓超過一百八十」呢？

每個人都會有自己恐懼的經驗，尤其是自己曾經目睹或接觸過的。例如：親人的死亡、好友的遭遇、或突發的狀況等等，有些時候，則是連自己也不明白的恐懼。先姑且不要探討到心理疾病方面的問題，這些經驗的出現總會是令人感到很驚恐的，偏偏，它們經常在熟年時期來場突襲攻擊，讓人猛然驚覺到：在時光流轉之間，自己是不是已經不復當年？

像這類的症狀也好，檢驗結果也好，都很容易出現在熟年時期：看似有病，卻偏偏又沒病；說沒病，但白紙寫黑字的檢驗報告，又要怎麼解釋？

上述所說，可能讓部份讀者從筆者的職業聯想到「恐慌症」這個「焦慮症」之首的經典精神科疾病，但是，筆者在此並不是要提這個疾病，而且，「焦慮症」也不是一個好發於熟年時期的疾病，沒有必要在這邊特別提到。

筆者只是想強調：熟年時期是一個「百病突生」的年代，不管你以前身體是多麼強壯，到了熟年時期，什麼毛病都可能出現，但又不是那麼的肯定，像老年時期的「百病叢生」那樣——熟年時期的疾病往往都是在撲朔迷離當中。

這時期的人必須深刻的了解到：經過這幾十年來的「使用」下，身體的器官已經到了一定的耗損年限，除非你真的在虐待它——諸如：長期酗酒、大量抽菸的，或者你真的很倒楣，身上帶著什麼遺傳致病因子——要不然，你這個臭皮囊，說好不好，絕對沒有二十歲的時候好；說爛不爛，一時三刻還爛不掉：就是這樣勉勉強強撐著，偶爾來個病，要死卻不至於。在現代醫學的保護下，在未來的幾十年，你就是要跟這樣的身體相依為命過很久。就算你不接受，那也由不得你。熟年，絕對還不是個結束。

熟年也不是開始

在另外一頭，有人樂觀的以為：熟年的到來意味著許多不良習性的遠去，例如：火爆的情緒、莽撞的特質、衝動的行為等等。事實上，這一切並不會因為熟年的到來而自己消失，正所謂江山易改，本性難移，人就是人，什麼樣子的性格到了什麼樣的歲數，如果沒有刻意的學習與修正，那還是不會有所改變。年齡只會讓一個人的生理與心理產生變化，只會讓一個人在社會中的角色變得不同，但是對於他的特質卻不會直接有所影響。

然而，如果說：熟年時期對於一個人的改變全然沒有影響，那倒也不盡然——由於熟年時期的到來，人在生理、心理上面的改變以及在社會角色的變化，都會產生一種特殊的氛圍、一種不尋常的擾動，讓他處於類似青少年時期般的不穩定，而不穩定正是學習的原動力——人性本懶，因為懶才能讓人得到安全感，早起的蟲兒一定被鳥吃。

所以，一個人如果在安定的狀態時是不會想要改變的，只有在不確定、迷惘、感到不安全、不知何去何從的時候，才會思考著該如何自處、該如何修正自己、調適自己與這個社會、這個世界達成新的平衡。而熟年時期正好在青春期過後給人們帶來再一次類似的不穩定狀態，它逼迫著人們必須對自己、對親友、對環境、對世界做出一個新的回應。只有飢餓，才會叫鳥兒早早起來找蟲吃。

試想，此時此刻的他，擁有二十年前所不具備的知識、歷練、社會地位、人脈與資源，只要不出差錯，理當更有機會可以獲得成長，學習新的調適之道。

但不要忘了，這一切的改變都來自於人類的努力，而不是時間白白給予的，只有生命可以改變生命，而熟年不能。就像我們常聽到有人說：「沒關係，等他年紀再大一點，歷練再多一點，脾氣自然會收斂一些。」

事實上，這可不一定。他可能會在將來變得收斂些，但他也可能完全不會！多得是倚老賣老的中年人、甚至老年人！一個人在年紀大了之後，到底會變成怎樣——是自我節制？更加豁達？還是變得更會利用社會對長者的尊重而遂行他的私欲？——完全要看到他是否能隨著年齡增長而有所學習。我們只能說，當他到了熟年時期，他將擁有學習的「機會」，但是要看他能不能善用這個機會而得到成長。

那熟年到底是結束還是開始？

很遺憾地，我們還是只能說，熟年就是熟年，除此之外沒有其他的了。

如果您還是想知道得更多一些，充其量我們只能說，熟年就只是一個人在生理、心理、社會結構上產生了一個重大改變的年紀，人類到了熟年時代，他的社會使命已經完成了，社會已經不能給他更多的意義與價值；從此刻開始，他必須思考著他的未來、思考著他與社會之間的關係、思考著未來幾十年之間他要如何活下去——在沒有社會給予他任何意義與價值的狀態下。

這段話，是否有點熟悉，好像在哪裡聽過？回憶一下，想不起來，不妨翻翻本書前面的章節。

熟年既是結束，也是開始

熟年時期到來前的焦慮，或是熟年時期帶來的衝擊與震撼，在一段時間之後，通通都會消失得無影無蹤，如果您不注意，不管是哪一種「熟年震撼」，都會在日復一日的生活當中，被習慣、被修正、被適應，然後你會忘了這一切。直到有一天（通常是退休或接近退休），你才突然發現：好像有一些什麼不太一樣——你很難說得出來到底哪些地方不一樣，但是就是不一樣：你環視左右，這個世界依然如常地運行著：人來人往，步伐依然急促，笑語卻逐漸陌生，熟悉的畫面雖然熟悉，但別人望向你的眼神卻不斷提醒著你——直到你終於曉諭：不一樣的地方原來是你自己——因為社會的列車已經到站，而你的社會生命已經夠鐘。對於社會，你已經是多餘。

還記得我們一開始的列車嗎？很抱歉，現代醫療快速延長了肉體生命，但是速度太快了，快到讓社會怎麼追也追不上，接下來，那是一段沒有社會意義覆蓋的年月，而你必須下車，用你的雙腿，躑躅向前行……

而面對熟年的迷惘呢？對能力喪失的恐懼呢？對愛的失落呢？孤單、無助、徬徨、恐懼、渴望、焦慮、憂鬱——還有那些還沒得到解決的一切的一切呢？

難道，這一切就這樣的結束了嗎？

已經到了終點……卻永遠沒有答案……

就這樣？

當然不是！列車雖然到站，精采的故事才正要開始呢！

第三部
清點生命資產

13. 找出您的生命行囊，不再迷惘

當古老的社會不能再涵蓋你的生命，走出舊有的窠臼，你會感受到無比的迷惘，究竟該何去何從？什麼是重要的？什麼是不重要的？什麼是你該爭取的？什麼是該留住的？而哪裡又是你該去的方向呢——這一切，對你都變成了無比的艱難，就像個嬰兒揮舞著稚嫩的四肢，不協調地在顛簸的平面上試圖向前匍匐前進，但終歸無效。

你會很詫異地看見：自己原來是這麼地軟弱——離開社會的自己竟是如此地虛弱與無力，你因為太久不曾真正使用雙眼看東西而感到樣樣都刺眼，你的耳朵因為太久不曾使用而感到震耳欲聾；你的肌膚因為太久不曾被光線照射而顯得蒼白、過度敏感，一切都走了樣，這似乎不是原來熟悉的你——

自己的生活？

當然，在真實世界的你不會感受到這麼巨大的反差，你只會感受到渾身不對勁，一種說不上來的不對勁：周遭看似與過往一樣，但是怎麼看都不順眼，而你怎麼做都不恰當，最不滿意的卻是你自己。沒關係，這是剛離開這個社會意義框架時常有的現象，因為你不再被這個社會所需要了，像這樣的情形，在真實世界中，對男性而言，最常出現於退休的時刻——

一覺醒來，望著時鐘，雖然指針分秒不差，但鬧鐘卻沒有響，正想生氣地叫人修理，猛然回神，才意識到今天已經不用再上班。

不用再上班？好彆扭的一句話。

然後呢？然後——自己要做什麼呢？床邊的人告訴自己你做什麼都可以。

再問一次，答案還是一樣；再問——再問的聲音就生氣了，得到的答案沒有不同外還沒好氣的加上一句：你昨天不是還高談闊論地說了一大堆？

現在想起來，倒是真的，但是，昨天說話的情景卻恍若隔世，連說那些話的人都彷佛不是自己似的。

起了身，習慣性地走向書房，想拿起記事簿與公文封，卻發現前幾天的自己早就豪氣干雲地一掃而空，口中還說：今後要過「真正的自己」——如今想來卻好笑，什麼叫做「真正的自己」？如果可能，倒想請當時那個自己來解說解說看看的。

回頭想去找外出服，好歹公司說不定還有點事沒做。來到衣帽間，卻發現衣櫥裡竟然全部都是前幾天自己請老婆女兒買來的休閒服——

「我終於要過自己的生活了。」

聲音言猶在耳，但自己的生活又是什麼？現在越想到是越迷惘。

等了半天，結果，老婆化好妝，出門去了，說她跟朋友約好了要喝早茶。

好吧。一個早晨，花了很長的時間煮了一杯咖啡，一開始還悠閒地坐在窗台前翻著報紙，從頭版翻到最後一頁，連分類廣告都翻個仔細。

書架上的書突然離自己變得好遠，連拿起來的動機也沒有；想出去走走，才開了門，走了幾步，覺得無趣又折了回來；想打電話給朋友，卻又不知道別人是不是在上班？這麼做會不會打擾到別人，顯得自己很無聊？一個上午就在起身、踱步、重重地坐下、翻閱身旁的雜誌、看看時鐘、等待中度過。以為過了很久，沒想到時針只走了兩個小時……想去星巴克喝杯咖啡，發現裡面全是像你這樣清閒的退休大叔（原來自己也變成其中一員了）。

很多男性夢寐以求的退休生涯，第一天就是這麼樣尷尬地度過。

說起來相當不可置信，尤其是對於那些忙得水深火熱的熟年男性而言，更是難以想像的事情：為什麼一個「終於可以做自己」的退休生涯，竟然是這樣子的開始呢？為什麼沒有了工作與其他責任的束縛之後，自己卻會變成如此地不堪呢？很遺憾，事實就是如此。

相似的情形在家庭主婦身上可能就是發生在寶貝兒子或女兒離家求學的第一天，而職業婦女呢？情形可能就變化很多了，一般而言會比前述兩者都來得好，但也說不定——職業婦女由於工作與家庭之間的拉扯，往往會被迫提前思考這類問題，並且安頓好自己的心，也因此會更早做好準備。無論如何，令人費解的地方在於，為什麼當人們得知**此刻不必做什麼、完全是自己的時間**時，會出現如此的迷惘與困窘呢？

生活的自己

現在，我們就把時光快速往前調回幾十年前——

當你還在國小三年級的時候，記不記得暑假來臨時，你的心情是怎樣的？

我想應該都是高興的吧？固然很多人會說：「當年家裡貧困，一到了暑假就得要為家裡做些什麼事，所以很擔心暑假到來……」可是當這些人在敘述起當年的情形時，他們的嘴角是向上揚起的——這代表什麼呢？這代表雖然苦歸苦，但是孩子的心靈中，暑假的到來還是有它歡樂的一面，這是任何勞務都沒有辦法剝奪的。

但曾幾何時，暑假所象徵的「自由」卻不再能夠帶給人們歡樂，反而造成人們的痛苦。最明顯的例子不就是先前退休的那一幕嗎？

是誰帶走了你作為一個自由人享受自由的歡樂？

是誰讓你無法安頓好屬於你自己的時間？

是誰讓你在無事可忙的時候感到徬徨、憤怒、空虛與迷惘？

你的生命行囊呢？

是該告訴你真相的時候了，你遺失了你的生命行囊——就在你活在這個社會生涯裡，當你為了社會的意義而忙碌與追逐時，你卻把你與生俱來的生命行囊扔在某個角落、忘了他，不再想起。

你追逐的是別人的意義，你累積的是別人的價值，你在乎的是別人的目光，你擁有的是別人的資產，而你的生命行囊裡呢？裡頭什麼也沒裝，空空如也——

你要的是什麼？你還記得嗎？你可能忘記了；你愛的是什麼？還記得嗎？可能你也忘了。

你念幼稚園時，自家大門漆的是什麼顏色？是鐵門？鋁門？木門？玻璃門？忘了？糟糕，你念幼稚園時的家沒大門了。

你讀國小時睡的床，是木板床、榻榻米、還是彈簧床？是軟還是硬？聞起來是什麼味道？不知道！這下你國小的時候只能站著睡了。

你兒時最要好的玩伴叫什麼名字？你能算出十個人嗎？如果算不出來，看來，你把他們給扔掉了——還是說，你順便連自己也給扔掉了？

這些都是曾經讓你歡樂的資產，你曾經跟他們度過多少快樂的年月，裡頭有著你最真摯、最原始的歡樂要素，他們都在你的生命行囊裡，但是你連整個行囊都一起把他們給丟了，所以等你從社會的意義裡走出來之後，孑然一身時，你又怎麼找得回當年那燦爛的陽光呢？

去找回你的生命行囊吧！至於要怎麼找回？那就要從你還殘存的生命資產中去尋找。

所謂的生命資產就是一種讓你的身體還願意活在這個世界上而不至於枯萎、死亡的一種東西。

它不單單只是金錢，也不只是權力，更不純粹是任何有形或無形的東西，當然，他也可能是上面所說的東西或組合體。它可能存在於記憶、現實、夢想與未來，時空中的任何一個角落。

由於，生命資產會在下一章才詳細介紹，所以在此我們只能用心去感受：如何取回生命行囊的方法。

在下面，筆者會舉一個故事，希望讀者可以從中去感受一下，到底你的生命行囊遺落在哪裡？以及你又要怎麼去找回——

一個生命行囊的故事

那是一位歐吉桑，在公開場合談起他「悲慘的一生」，順便發出一些「我歹命喔！」的感嘆。筆者忍不住就在「不收費」的前提下跟他聊起來。

歐吉桑說到：「我細漢的時候就很苦，長大以後也很苦，成年之後還是苦，到了現在孤單老人更是苦。」

故事的大綱倒是很平常的：年輕的時候，他家境不好；沒有什麼受教育的機會；長大以後只能找到很低階的工作；靠著微薄的收入養家活口；如今小孩長大了，他進入空巢期，倍感寂寞。

他回首一生，實在找不到人活著是要幹什麼的。

「那你還記得，你小時後的生活大概是什麼樣子嗎？」筆者問。

歐吉桑扯了一堆，然後又開始怨嘆人生苦悶。

「有沒有比較具體的。譬如一個畫面，一個情景等等的。」筆者問。

「有！」歐吉桑想了想。「我記得有一天，我被趕出來，蹲在路邊，旁邊是我最寶貝的狗，牠死了。」

根據這個學派，「同理」雖然重要，但是比不上「尋找生命閃亮點」與「尋找生命貴人」這兩件事情的重要（關於這兩點，請參見筆者拙作《搶救自殺行動》〔遠流〕，有比較詳細的說明）。所以，筆者在當下，決定不同理，而繼續追問細節：

「你的狗狗叫什麼名字？」

歐吉桑愣住了。想了很久，才擠出一個名字。「奇怪了，我怎麼不太記得牠的名字了？應該叫做小黑吧？」

「牠叫做小黑，所以是牠的毛是黑色的囉？」

「好像也不是這樣，牠是路邊撿到的土狗，什麼顏色都有，土黃的啦！白的啦！東一塊，西一塊的。你問到我這個，我倒要想一想。」

歐吉桑只有思索片刻，就又說了一些。「應該是這樣吧？」

「他是短毛還是長毛的？」

「不長也不短。」歐吉桑的反應倒很快。剎那間，我知道這段「治療」上軌道了。

「牠摸起來感覺怎樣？」

歐吉桑露出迷惑的神情。「大概還記得。軟軟的，很溫暖，很舒服。」

在後續的對話中，我不斷追問著這隻狗的模樣、大小、脾氣，甚至牠濕潤的鼻子碰觸在當年還是小孩的歐吉桑身上的感覺。也問到：他怎麼跟這隻狗玩的。

歐吉桑的話漸漸多起來了，我知道他已經回憶到更多跟小黑的事情，旁邊的歐巴桑、歐吉桑也好奇地轉過來聽，偶爾還會發發自己的意見，例如：「好可愛喔！」之類的話。

歐吉桑越講越起勁，在我的引導下，也開始提到他跟小黑去過的地方，包括魚市場啦、附近公園啦、小學操場啦等等的。遇到歐吉桑說不下去的地方，例如：小黑不能進他家等等的，我就問他家大門的顏色；如果提到學校，我就問他升旗地時候，喇叭都會放什麼進行曲，請他哼哼看；放學時，路隊又要怎麼排？如果他提到父親很喜歡喝醉酒就揍他，我就問他是否有成功逃開，甚至回頭捉弄他父親的故事。結果還真的有！歐吉桑講了一卡車的這類故事。

當然，基於職業道德，我嚴格避免問及任何深層的情感或者是隱私的故事，也儘可能讓所有素材保持在「世俗聊天」下允許被討論的，畢竟，當事人真的認為我是在跟他聊天。任何過度深入的詢問，都是一種失禮的表現，也是一種不負責任的行為——我必須能夠控制住所有可能的負面情緒潰決。

在我所隱藏的戒慎恐懼中，我看到他的表情變了，臉上的沮喪與無助一掃而空，取而代之的，是混雜了得意、興奮、滿足、快樂的模樣，他甚至說了附近某個賣菜的阿姨，都會包庇他，讓他躲到她家去逃難的經驗，王伯伯也很疼他的小黑之類的事情。

突然之間，歐吉桑停了下來，側著頭，想了想。「奇怪！被你一說，還真的哩！我的過去好像過的還滿快樂的，怎麼跟我印象中的不一樣？當時雖然生活苦，但是很有趣，而且好多人關心我。不只那些好心人，我的同學，也常常幫我的忙。」

歐吉桑當然不知道，我正在交叉使用「生命彩繪」、「生命閃亮點」與「生命貴人」等等多重技術，重新改寫他的生命。他就像我筆下的小說人物，原本是很平板的故事，但是經過各種小說手法，他的過去越來越充實，越來越有豐富，也越來越有「可讀性」——當然，在治療中，這不叫作可讀性，而叫做「有趣」、「好好玩」、「有意思」。附近的中老年人也都一一加入對話，我猜，他們大概把我當成是一個好奇的年輕人吧？

基於系統治療理論，我最後還是得進行紮根動作，所以我問了：「那你多久沒回到你說的那個地方了？」

「好久囉！」歐吉桑愣了一下，又恢復興奮：「對！被你這樣一說，我倒要趕快去看看，我沒想到，我當時還跑過那麼多地方。那根絆倒我老爸、讓他一路滾下來的那個水泥坑洞，不知道還在不在那裡？」

「你剛才說的那幾個小學的好朋友呢？」

「好久沒聯絡囉！」歐吉桑說。「他們也都老了啦！」

「那你還不去看看？」

「我等一下就會去看。對喔！再不看說不定死光了，怎麼辦？」附近歐巴桑就開始吐他槽。「我認識有人在牽亡的，要不要介紹你認識？」

我開始感覺到；整個氣氛都熱絡起來了。顯然的，他們一同來到那個地方已經很久了，彼此都見過，但是彼此都無法深談。如今，過去的紮根（回到老地方、與老友見面）跟現在的紮根（認識新朋友）都已經完成。我的「治療」已經結束了。

我表露了身分，也說明了我的動作。結果十幾個年齡相仿的人，問的話都大同小異：「喔！沒付錢不好意思啦！我這邊有一百塊，當做醫藥費啦！要不要刷健保卡？」

「喔！一百塊也敢拿出來。人家醫生哪！要有誠意啊！好歹也拿一千。」一個歐巴桑說。

「那有這麼貴的。」另外那歐吉桑抗議了。歐巴桑也笑了。「說笑的，你也當真！」

「就像你們說的，聊聊天而已，何必那麼當真？」我表明這是不收費的。因為本來就不是很正式的治療。何況，我根本不打算透露我真正收費的標準。沒事何必嚇這些辛苦的藍領階級？

後來，他們變成了一群朋友，因為我知道他們會相約去爬山。我反倒很少有機會經過那邊了。改變已經造成。

沒人認同那是一場「治療」，外觀上，也根本不像治療，但效果已經發生，雖然，只有筆者知道自己在二十幾分鐘內，一共交叉使用了多少技術，但是，又何必讓他們知道「生命改寫技術」、「外化技巧」、「充權理論」、「系統理論」？

何必談到「海德格說的存有性焦慮與良心的呼喚」？

何必在「使不使用抗憂鬱劑之間掙扎」？

何必談到「痛苦的記憶往往被認知所擴大」、學習心理學中的場地論；或者，learned helplessness、生命亮點理論（sparkle life theory）、reframing skill、narrative re-writing skill？

我也不會談到：「當事人內射了他父親的價值，而其母親採取被動攻擊的姿態，利用受害者身分，誘發身為長子的他，來對抗他父親？讓他內射的父親價值與對母親的同情產生重大矛盾。而他為了對抗自己的無助感，而承受過高風險的投資，失利後產生憂鬱，又因為自己否定自己是好的而過度嚴苛要求小孩，讓小孩急於離開家庭，也讓夫妻感情不和。」

何必在建立他的病識感上多所著墨？

因為召喚……

我不知道讀者在這個簡單的故事中，看到了什麼？也許，您看到的只是一個再平常不過的對話，但是您應該不難想見從此少了不只一位自憐自艾的辛苦歐吉桑，而且說不定是少了一整群有著悲苦過往的中年男男女女，此後世界上多了一群朋友，他們將會不定期到處遊山玩水，享受人生，而那改變的火花竟然就只來自一隻叫做小黑的狗——而且活在很多年以前。

就這樣子，因為召喚——一個生命資產從記憶當中穿越時空來相見，只因進入了生命行囊之中，就此一整群人此後幾十年的光陰就此改變。什麼叫做生命資產呢？也許現在讀者還很難真正理解它的意義，但是相信它的影響力有多大，應該已經不難想見。在下一個章節裡，我們就要開始描述這些生命資產，以及這些生命資產究竟是怎麼把你牢牢維繫在這個人世間的。

生命行囊是怎麼變空的？

而在更後面一個章節裡，我們將敘述這些生命資產究竟是怎麼從你的生命行囊中消失、簡化、而終究不見的——事實上，有一個說法是，我們每一個人來到這個世界，上帝都為我們準備好了一個裝滿了生命資產的行囊。

而後在出生後的歲月裡，我們不斷地消耗著這些生命資產，任其在時空裡褪色、被遺忘、被扭曲，直到有一天我們終於用光了行囊中的生命資產，而後我們開始仰賴這個社會，追逐著外來的事物所能提供的意義而生存，當我們獲得，我們就高興；當我們失去，我們就難過，而失去的痛苦永遠比獲得的快樂來得強烈持久，所以我們始終不快樂。

直到我們再度擁有了下一代，我們再度從養育新生命的過程中剽竊著他們的生命資產，同時高興地說，這是上帝給我們的最好的禮物。

東方父母常常在自己的靈魂被奪走之後，卻渴望從下一代的身上重新獲得一個新的靈魂，為什麼不用自己的呢？

即將或已經邁入熟年的您，靈魂還在嗎？生命行囊裡頭還有東西嗎？如果不在了，那就清點一下您的生命資產，找出生命行囊，重新再造一個吧！

14. 清點您的生命資產，為自己而活

什麼叫做「生命資產」？拿這個問題問一個國小五年級的小朋友，不要開口，用你的眼睛問，用你的耳朵聽，他會用行動告訴你，但是，問題在於您看得懂嗎？

長年已經仰賴社會來定義一切價值的您，如果不稍加以準備，恐怕看了半天，還是會用倨傲的態度說：「他們不過在遊戲嘛！這有什麼難以理解的？」是的，你只看得到他們在遊戲，但你完全看不見他們身上的「生命資產」——不然，為什麼你不能像他們一樣笑得那樣開懷呢？

不要強辯說：「他們還未經世事洗練，當然可以那麼開心。」或者「他們還小，長大以後自然就懂愁滋味了」——

因為在神經學上實在找不到任何明顯斷層的證據，來說明：每一個進也憂退也憂、得也愁失也愁的大人們，在神經元的內部結構、連結網絡、傳導物質與投射位置，在快

速失去童真的過程中，有任何大地震式的重大變化。而在樣樣講求證據的今天，除非你能證明「世事洗練」等心理要素或「青春期內分泌失調」等生理要素引起了大腦結構跟本性的改變，否則我們只能假設：成年人的煩惱，是一種思維方法上的細微變化（至少細微到正子造影、核磁共振、神經心理學衡鑑都看不出直接因果關係的細微變化）而引發的。那細微變化為什麼會產生如此巨大而恆久的影響呢？

在回答此一問題以前，我們得先對生命資產中的「資產」兩個字，做出一個解釋，讓讀者更能掌握這個主題——

「資產」是一種有意義的堆積

為了避免太過複雜化問題，筆者乾脆舉出「文化資產」這個名詞出來。就像莎士比亞的作品，是用英文書寫的，結果就會成為英文的重要文化資產之一；文天祥的〈正氣歌〉、諸葛亮的〈前出師表〉、李密的〈陳情表〉都是用中國文言文寫的，自然就會成為中文的重要文化資產。

請問：這些「文化資產」已經超過智慧財產權保護的五十年，而成為民族、國家共有的資產，但它還是資產。它雖然翻印不究、版權沒有、作者早就死了，後人也不會因此而有權有錢，但它還是資產！而它是什麼東西？說穿了，不過是一堆文字用一定順序的排列方式，但這些排列方式就是資產本身！

當富比世把梵谷的巨作《向日葵》以天價賣出去時，你會認為昂貴的是梵谷用的是特殊材質的紙、油墨嗎？還是你認為你用最昂貴的彩色雷射影印一張，也可以賣一樣價錢嗎？我相信你絕對不會說出這種外行話。

如果你能明白所謂的文化資產，那你就能類比什麼叫做「生命資產」了。

「生命資產」假說

在生命資產的假說裡，有個很生動的描述，就是：「生命資產」是用來提供人類活在這個世界上生存意義與存活價值的，它根本就跟「快樂之源」幾乎同一個模子造出來的，它是一種作品，但這種作品不是用來陳列觀賞或收藏的，而是用來讓你獲得它、擁有它、累積它——它就能為孳生更多利息的：只不過它的利息不是金錢，而是快樂。

相反的，如果你為了其他目的而放棄了某部份生命資產（最常見的，就是為了升遷而求業機與更好表現，卻忙到拒絕國中死黨的聚會），那這些生命資源就會開始逐漸退色——它不會離你遠去，只會逐漸凋零，直到成為你電話簿上一個曾經很重要的人物，卻已經很多年沒打電話過去，甚至開始害怕，生恐一打去，連這支電話也易主了，自此對方就消失在茫茫人海當中。

正式目睹生命資產

如果，您已經準備好，那您剩下的最後一關，就是學韓愈：「不恥相師，聞道有先後，術業有專攻」，只要見到任何有值得學習的地方，任何人都是你的老師。

而如果要談到「如何快快樂樂、優游自在、從容不迫的過好自己的人生下半場」，恐怕，你最好的老師，就是：**記憶中那個打不怕、童性未泯的自己**。很可惜的，我不認識你，沒辦法請你到書中間出來示範，所以只好請另外一位男孩來「玩」給你看——

他忙忙碌碌地爬上爬下，堆疊著大大小小的抱枕，他在蓋一個城堡，城堡裡擺放著他心愛的玩具，有挖土機、一堆從球池捧來的各色塑膠球，還有四、五個機器人。

他幫這幾個機器人擺放出該有的姿勢與位置，以防備敵人來襲，塑膠球就充當飛彈，挖土機則是挖掘地道與壕溝，讓自己可以好好地躲進城堡中不被發現，抱枕圍牆不太牢固，但東倒西歪也無妨，只要支撐得住就好。

有時候機器人們會吵架，因為老是有人要抱怨不公平、為什麼一定要聽老大的意見、對於防備工作也有各自的想法與做法，小男孩忙碌地分身扮演每個機器人，爭吵不休讓防備工作有了漏洞，敵人眼看就要攻下城堡了，後來他們還是決定聽從老大的意見，以免吵來吵去、城堡很快就被攻陷了。

大夥開始分工合作，有的負責補充彈藥，有的負責運來糧食，於是又搬來好幾個樂高小人偶，讓他們當農夫與牧羊人吧！小男孩一個人、兩隻手忙得不可開交，臉上卻掛著得意滿足的笑容……

你從這一段裡面看得到什麼叫做「生命資產」嗎？你看不到。但是他玩得很開心，這總看得到吧！為什麼他玩得很開心？我們來探究一下，到底哪些要素讓他很陶醉在自己的遊戲裡頭——

人生可以有六種主要的生命資產。

1. 勞動

你可以看到他在堆抱枕、蓋城堡、城堡裡擺放了很多他心愛的玩具，玩具裡有挖土機、捧來的塑膠球以及機器人，而且他還把這幾個機器人擺放出該有的姿勢與位置，喔～目的是為了防範敵人來襲，而且他可不是手無寸鐵喔，他旁邊可還有很多飛彈喔，而且他還有地道與壕溝，必要的時候他可以躲到地堡裡不被發現喔！

在這一段過程裡，讀者看到了什麼？他很辛苦的在「**工作著**」，正確的說——他在「**勞動**」。用他的身體、用他的四肢、很努力地在上上下下奔跑著，把一個、一個東西擺放到該放的位置去，讓每樣東西都產生該有的意義，經過一番努力之後，他也果真將這些東西組織起來，形成了一個有意義的組合體，而可以發揮他們的效用，你說，他高不高興？

這就是勞動的意義：透過身體、雙手、雙腳、用辛苦、卑微、紮實的方式，讓一堆本來沒有意義的東西變成有用途、有目的的東西，而發揮這一切功能的主體呢？不就是他自己嗎？

在現實生活當中，所謂的「工作」事實上就隱含了「勞動」在裡面，但是在工業革命化之後，勞動的意義卻被裝配線的概念所瓦解。

一個汽車生產線上面的工人，他做的始終是自己份內的一小塊東西，既不知道用途，也不知道他的作品在整個產品中的位置，因此勞動不再產生價值跟愉悅的感覺。

但是仍然有不少的工作：例如，專門技術人員、藝術工作者、甚至是更多基層的製造與服務業，都依然保有勞動的特質，事實上只要經過妥善的設計，很多工作都是可以保有勞動的價值感的②。

2. 經濟

在兒童的世界裡，比較不容易看到一般時候所謂的「經濟問題」。

但如果我們不把「經濟」限定在金錢的取得、日常生計的維持、填飽肚子、食衣住

②編按：例如，馬克思所說由於生產過程的高度分工，人類首度和他的勞動成果分離，汽車工人看不到成品，只看到一個環節，造成一種「異化」的工作狀態。過去像小農那樣一個完整的工作鏈，從播種到產出，可以得到的成就感就消失了。

行育樂等等，而是廣義地解讀為維持一個有機體的運作所需要的補給，那麼在這一個小朋友的想像世界裡，經濟問題的呈現也是相當豐足的：例如，有的負責補充彈藥，有的負責運來糧食，還有農夫與牧羊人等等——有的負責基礎農工的生產，有的負責國防物資的儲備。

事實上，在這裡我們可以看到一個具體而微的莊園生活，而且是豐饒、井然有序的，我們不難想見，假如這樣子的物資生產與儲備沒有辦法這麼有效率地進行，這個小男孩的神情應該是驚恐的。

回應到現實生活，這不就體現了一個唯物論者非常喜歡強調的論點：

物質的基礎決定了所有高層精神生活的結構。

不管您是否認同唯物論者的說法，也不論唯物論者是否過度強調經濟基礎的重要性，但無庸置疑地，沒有一個穩固的經濟基礎，就沒有辦法帶給人們一個生理與心理上的安全感。正如古諺所云：「貧賤夫妻百事哀」——事實上又何止夫妻，任何人在高度物質缺乏之時，我們又何能要求他能有閒情逸致，去享受所謂的生活呢？

然而，在所有的生命資源裡面，經濟資源最是危險的一種資源。

由於它具備有高度的可累積性，而且可以用金錢化約為數目，與他人比較衡量，所以很容易在追求的過程當中，反而遺忘了擁有它的本意，而成為一種無聊的社會性競賽，單純用來滿足人性中自卑與投射而成的自大需求。如此，追求經濟資源的目的就蕩然無存了。因此，在這裡筆者必須強調：

所謂的經濟資源是指免於匱乏的一種滿足感的資源，其餘皆假。

接下來，我們可以繼續看下去，這個小男孩在他的世界中究竟還告訴了我們什麼有關生命資源的線索：

……突然，那個被奉為老大的機器人被敵人打傷了。雖然傷勢無礙，但他負責守衛的地方需要支援，很快地，小男孩調度了另一個機器人來幫忙，其他機器人也因此鬥志更高，因為他們要為老大報仇，絕對不能讓敵人輕易得逞，於是他們展開大反擊，一個接一個的塑膠球飛彈從他的抱枕城堡投擲而出，小男孩發出「咻、咻」

的配音，終於獲得最後的勝利！

所有的機器人們開心地歡呼慶祝，再次驕傲地宣稱他們是宇宙無敵超人，沒有人可以打敗他們，然後各自快樂地在城堡四周巡弋飛翔，有的機器人喜歡在海上飛，因為可以一邊欣賞浪花與大鯨魚，於是小男孩拉來附近的巧拼，鋪成一片海洋，放上他收集的鯨、鯊魚等模型；有的機器人喜歡往高山爬，抱枕城堡頓時化身為尖石嶙峋的山壁，小男孩也沒忘了為他放上幾個樂高積木堆疊的大樹。

再度看完這一段之後，我們又看到了更多的轉折，很有趣的地方是，雖然這是小男孩一個人的遊戲，但他似乎也不會安排讓這個遊戲從頭到尾都只有勝利、沒有失敗，我們就從這一段的第一句話開始——「突然，那個被奉為老大的機器人被敵人打傷了」。

這幾乎就像舊約聖經裡面，上帝降災於人民的故事一樣，這個小男孩一樣把某些挫敗曲折考驗給丟進了這個世界裡，然而更重要的是，這一個負面事件到底產生了什麼影響？

讀者繼續看下去，就會看到：連生命中的苦難裡，也會躲著珍貴的生命資產。

3.親密關係

由於親密關係的定義很多，它既可以用來指稱「性行為」這樣子的動作名詞，也可以用來指稱可以與之發生性行為的重要伴侶，或是廣泛被助人工作者所認知的伴侶（通常是指配偶或同居者）。

但是在這裡筆者所要用來指稱的卻是泛指所有與你可以卸下心防，坦誠相見，無須掩飾的**「生命中重要他人」**。

其實所謂的「親密關係人」跟「朋友」的界限是相當不明確的，而且在心理治療實務上面，很多時候我們甚至必須把朋友大量帶入親密關係人的範疇裡面，換言之，並不是只有血緣關係，或者是姻親關係而已；包括非常要好，尤其是認識多年（歷經時間檢證）的好友，或者是在自己原有的親人缺席時，卻有無任何血緣關係的人介入，而取代該親人功能的長輩或平輩，甚至是晚輩，而關係好到根本就已經取代了原本缺席的親人地位時，這些重要的生命貴人也算是親密關係人之一。

但說歸說，實際上，人們還是會把血親放在第一位，其次是姻親。

正所謂「血濃於水」，這樣的思想深深的植入了東方人的心。筆者並非研究人員，無法提出有信效度的解釋，但在臨床實務上，只能明白指出：這是相當危險的現象——因為從人口學的角度來說，醫學延伸的壽命，並不是直接將死亡曲線向右平移，而是讓人口在長時間內的死亡率大幅下降，而形成一個高原期，而數十年過去之後，也就是「人生下半場」也打完的時候，這高原期才會迅速即轉直下，快速惡化。

今日的熟年人士到了那一刻，當然已經是老年人士，我們不禁要思考：屆時，挺得住嗎？如果他能順利建立起下一節要介紹的「人際關係資源」，那麼他所承受的創傷會減到最低。萬一他不知道該建立這樣的資源呢？

即便不用到了那個時刻，年齡的增長，將會無情地帶走許許多多早在半個世紀年前就已經建立起來的親密關係。因此，在熟年時期，親密關係資產一方面是耗損最快的資產，另一方面又是最需要被保護與照顧的資產，熟年時期的人要有深刻的體認：

不管是什麼樣子的親人，都是你的親人，而親人只會少不會再多，少了一個，那就永遠不會再從來。學習珍惜所擁有的，不要為了一些枝微末節的瑣事，更不要因為跟自己的情緒過不去，而白白浪費掉一個永遠無法再生的親密關係資產。

PS：在先前那個小朋友的故事裡面，我們比較不容易見到這麼明顯的親密關係，因為在兒童的這個階段，還沒有覺察親密關係的能力，但是我們當然不會認為兒童不需要親密關係，因為家人就是他最重要的親密關係人。

4. 人際關係

我們再次回到小男孩的幻想世界裡，事實上，所謂的人際關係的影子，從頭到尾一直不斷地出現，從第一個段落裡，我們就可以看到分工合作的蹤影，而分工合作正是建立在人與人互動的基礎上面，首先是人與人之間勢必會有所衝突。因為每個人都會有利己的部份，但每個人也都能認同利他的重要性，因此當人們在抱怨不公平的時候，就必須要有一個領導者來做為意見的統整。

一樣地，在做法、想法上面，每個人的著重點與思考方式都不太一樣（對於防備工作也有各自的想法與做法），而且往往高估了自己分內事的重要性，同時間接貶低了別人所做所為的價值與意義，如果放任這樣的情形演變下去，那最後就是整個的瓦解（爭吵不休讓防備工作有了漏洞，敵人眼看就要攻下城堡了）。

在第二段有關於小男孩的幻想裡，我們可以看到有關於人際關係的更多蛛絲馬跡，首先是當被奉為老大的機器人被敵人打傷時，傷勢無礙，但其他機器人的鬥志反而變得更高，因為他們要為老大報仇，絕對不能讓敵人輕易得逞，於是他們展開大反擊，一個接一個的塑膠球飛彈從他的抱枕城堡投擲而出……

這裡說明了所謂朋友的一個重要構成要素：那就是「同仇敵愾」。

當敵人過強的時候，那麼人們只會作鳥獸散，而不會聚集在一起；同樣的，如果沒有敵人的話，那麼人們只會更自為政，根本不會聚集在一起，或者因為各自的利益而彼此侵壓，而由於個人的力量有限，為了避免落敗，所以人們會聚集成為小團體，互相勾心鬥角——這個就是讀者在社會當中經常看到的畫面。

然而，一旦這個負面事件是「群眾共業」，如果不彼此互相扶持、互相幫忙的話，大家就通通都要完蛋了；相反的，如果大家彼此互相幫忙，團結在一起，那就會出現一線生機，希望會再度降臨。而且，最重要的一點是——確定不可能有人可以從中獲利。

也就是說：沒人能夠透過出賣這個團結的組織，來為自己謀取一己之私。歸納起來，**就是當以下幾點要件成立時；負面事件反而會變成凝聚群眾、取得彼此互信、達成團結、獲得解決問題能力的一種重要事件，而它可以產生的人際關係資產，也會相當的龐大。**

這幾點要件是——

1. 存在一個系統外的負面事件
2. 這負面事件影響力是普遍性的，具高度威脅性，但仍在可控制的範圍
3. 沒有任何一個人能獨力對抗這事件，但合作可以減少損害
4. 沒人能出賣團體，以換取更多的私益。

我相信很多人在剛入社會不久的時候，也許還懷抱著一絲希望，希望能夠存在一個各盡其能的地方，即便不要各取所需，但只求自己的能力能夠得以展現，甚或退一萬步想，只要把一件該完成的事給完成，那樣就好了。但是因為沒有上述幾點的要素存在，所以往往失望的發現，事與願違，人們總是有各種理由，各種莫名奇妙的想法，會來破壞一樁美事；即便破壞它對自己毫無利益可言，或是成就它對自己沒有任何壞處——甚

至還有好處；但人們就是見不得人好，只要不是自己的就想把它給破壞。

在社會上，有為數眾多的人為此而感覺到痛心、沮喪、難過，甚至興起不如歸去的想法；或者乾脆就是同流合污，眼不見為淨。時日一久，在社會的歷練久了，人們的反應就會逐漸趨於平緩，了解到這就是人性，也沒什麼好大驚小怪的，只能說看到這樣子的結果，感到很無言，但也不能怎麼樣；除了去適應它，好像也沒有別的辦法。上述的情形是在一個環境沒有外力壓迫狀態底下，承平已久，自然會產生的現象。

而熟年世代的來臨，卻跟上述的情形完全不一樣，而且，先所述的四個要件竟然時機都成熟了。

熟年世代的來臨，讓每一個同處一個年齡層的人面臨共通的敵人：「老之將至」，也讓每一個人看到自己的不足與徬徨——在面臨逐漸進逼的死神大敵之前，誰都沒有囂張的權利。

人人平等，大家公平，遊戲規則實在簡單，一個人就是命一條：不管你祖上積德，流芳百世；不管你如何白手起家，雄霸一方，傳下家產萬貫；更不管你是才高八斗，七步成詩，睥睨群雄——在面對生老病死此等人生大事的時候，大家都是一樣的。

也因此，想爭的沒什麼好爭的，要偷的也沒什麼好偷了。反正你拿多少，到頭來還得還回去多少。

很多人以為死亡只是一瞬間的事，事實上，死亡是一整個漫長的歷程，如果要回溯，甚至可以回溯到從出生以後就開始，但真正明顯起來是從熟年時代開始，尤其在缺乏了社會意義的保護之後。

人們發現別人跟自己一樣，大家都得一個人去面對自己的人生課題，這時候，所謂的革命情感就會慢慢產生了，因此，**熟年時期可以說是繼青春期之後第二個最有可能找到非關事業、非關金錢、非關彼此利用的人際關係的時刻。**

如果你在人生的上半場當中，不知道把自己的人際關係資產給遺漏在世界上的哪一個角落，那麼到了熟年時期之後，那將是把它給找回來的好時機，甚至，你還可以找到更多跟你在心靈上契合的朋友，這些朋友都將是你的重要人際關係資產，他們跟你有著共同的成長背景，共同的求學背景，也許有著不同的人生際遇，但是到了面臨生命的下半場時，過往追逐的權力與財富，如今已經不再是你的資產，相反地，它們將成為你的負債——

因為最後一天到來時，你是怎麼來到這個世界的，你就是要怎麼樣離開。你擁有的越多，要還回去的也就越多。換言之，你越是位高權重、家財萬貫，那麼你要走的時刻，你要放下的也就越多，你越是捨不得、越是痛苦。

而也非常湊巧的，如果說要用一句話來描寫人生上半場跟下半場最大的不同時，我只會說：

人生上半場打的是個人賽，下半場打的是團體賽，因為任憑一個人的力氣要獨撐全場，只會讓你更快以傷兵的身份黯然下台。

而同樣的壓力剛好也壓在每個熟年人的心頭。由於：

1. 體力的衰退與老化與死亡的逼近是事實
2. 上述事實是普遍性的，高度威脅每位熟年男女，但還好現在醫術發達，連癌症、愛滋病照樣都陸續出現所謂的治癒了（只是醫學界從來不敢輕敵，不隨意放大話）
3. 沒有任何一個人能獨力對抗老化與退休，但合作可以創造新生活的意義。
4. 沒人能跟死神打交道，出賣團體。

因此，熟年正應該是往外走，多多認識一些互相利用不到、八竿子打不著的朋友的時候了。

所以，這也就是在先前的一個部份筆者用一個不小的篇幅來敘述熟年時期的憂鬱與憂鬱症問題，關鍵就在於**憂鬱會導致人的退縮，而「退縮」卻正是需要廣結善緣的熟年時期的致命傷**。

熟年時期以後，人們再也沒有落單或耍孤僻的本錢，所以，所有可能造成這些社會孤立現象的問題：疾病也好、居住地也好、生活方式也好、經濟狀況也好，都應該盡量避免——如果這是當事人自己不能選擇的，那就是政府的責任。

5. 嗜好與興趣

直到目前為止，我們所提到的生命資產，對象都是指人與人的關係，或是人與人造物的關係，但是除此之外，還有一種關係我們至今都沒有探討過，那就是人與上帝創造物的關係。

上面這一段話聽得非常拗口，相信讀者不太明白，但簡單講，那就是人不是本來就活在都市裡的，人就算活在都市裡面，而都市也是活在大自然裡面的，人類無論如何，都會跟所謂的自然界或者是非生命的事物發生一些互動與情感，關於前者，最簡單的例子就是登山、潛水、旅遊、觀光、蒔花養草等；關於後者，那例子就更多了，你在大學所看到的所有社團通通可以包含在裡面，橋牌、麻將、象棋、圍棋、集郵、烹飪、音樂、舞蹈、閱讀等等。

所有這一類的興趣，就是一個人在沒有親人、沒有朋友在旁邊，而一個人還可以做的事情。不妨想像一下，在夜闌人靜時，你突然醒過來時，你會做些什麼事情？

為什麼會把這一類活動也歸入生命資產呢？因為一個人如果不習慣與這些事物發生互動的話（一般來說就做培養嗜好），那就必然會發生在未來生活的間隙當中，無法與自己相處的窘境。

而實際上是，在熟年時期之後的歲月裡，不管你再會安排生活，一個檔次與一個檔次活動之中，這一類的時間間隙勢必大增，你不能不為這些累積下來極為可觀的空檔想想辦法。

所以，一個人如果說他能夠投身於某種嗜好，不管是運動、戶外活動或者是室內的活動，逛街也好、上網也好、打電玩也好，打毛線也好，而能夠產生極大的滿足感，那都是一種珍貴的生命資產。

那麼，有人會提問：如果興趣是酗酒、吸毒、嫖妓、賭博、整型——甚至殺人呢？我的回應很簡單：就如同西洋棋迷，你可以選擇買一付百來元的西洋棋，也可以買一副數千元的木質西洋棋，也可以買個數百萬的珠寶嵌金西洋棋——所有的嗜好都有成本的。量力而為最重要。

懂得「生命資產」就像懂得「文化資產」，你不能藉口說：因為你懂了欣賞孟克，而標下了《吶喊》，然後被價金弄到傾家蕩產——能不能欣賞是一回事；標的下標不下又是另外一回事。而後者，那是你自己的行為，你必須為你的行為負責。

6. 人生哲學與宗教

這一部分的生命資產是高度因人而異的，有些人可以透過宗教方式或人生哲學的信念而獲得極大的價值感，而有些人完全不行。

如果說讀者可以因為這部份的生命資產而獲得極大的滿足感，那自然是最好的，但是筆者必須強調，就算不行，也不算是有問題，畢竟不管在哲學基礎或者是宗教領域裡，都有更為深奧的思維、情感、信念、與價值的淵源與基礎。

反而，筆者在此想強調的是：**這一部分的生命資產是具備高度個人專屬性的，並不能因為自己覺得很受用而強加於其他人身上**，當然，你可以基於自己內在的感動而與他人分享，但是當別人無法接受時，那也不算是別人的損失；反過來，任何一個人都無須因為辜負別人的好意而感覺到罪惡感，畢竟自己才是自己的主人。

其他的生命資產

以上的六大類，當然不可能包含生命行囊中所有型式的生命資產，但我們只能說：這只是舉例而已。不一定對您最適用，但是已經涵蓋廣大人類的需求。而其他的生命資產，例如：你可以把你的狗狗當成重要的生命資產——凡此種種，就由你發掘了。

在文章的最末，我只想強調：這個衍生於敘事心理治療的生命資產觀念，不但可以是一種無形的東西，同樣也可以是一種有形的東西。它可能只是一個觀念、一個經驗、一組記憶、一整個回憶、或者是你對外來的夢想等等。

但無論如何——請記得一件事情：生命資產是一種無形的資產，你沒有辦法刻意創造它，但是也同樣沒辦法消滅它。但是當你的注意力不放在其上時，生命資產就會自動褪色，最後就消失在日常生活裡，被淡忘而不再有意義。

不管你有多忙，不管你有多累，你的注意力就像花灑，如果你不經常給這些你挖出來的記憶也好，新想到的事務也好、或是對於未來的夢想也好——時常澆水，他們就會因為乾燥而枯萎，越來越小，直到又變成記憶中的一小點。

神經學上對生命資產的看法

用神經學上的說法來說，一個神經的連結需要大腦反覆的關注，當我們不斷去注意一件事件時，這樣的連結包括其間神經元所建立起來的突觸就會反覆又反覆地越來越緊密與活躍。

如果我們都疏於注意的話，存放這個事件的神經連結就會逐漸鬆散，相關的記憶就會用一種比較高的壓縮形式儲存起來，如果我們始終還是沒有去注意它的話，那麼它的壓縮率就會越來越高，而它在你的經驗流中所能回憶的形狀就越來越簡化，細節逐漸消失，變得越來越抽象、不具備意義，最後就不再能引起你的注意。

而這些生命資產裝的都是什麼？快樂。所以當他們全部被高度壓縮而束諸高閣時，你的腦袋裡面，還剩下些什麼？悲傷？憤怒？失落？被背叛？孤單？害怕被傷害？萬一事情不如你預期的發生？

如果是，那我只能說：在你的大腦裡面，與這類經驗相關的神經迴路就會越來越茁壯，壯大到有一天，你閉上眼睛，想的都是這些你不想思考的東西；午夜夢迴的時候，令人驚恐的夢裡，也全部充斥著那些可怕的事物——幾十年來，所有用過下流手段傷害你的人各自刺了你一刀，而後你接續著他們，分別建造了一座又一座龐大的神經迴路，繼續著傷害自己的工作：此後的幾十年，每一刻每一分每一秒，你一次又一次的把他們的刀子刺進自己的心，拔出來，然後再刺進去——

多數人對此的反應是：「有那麼嚴重嗎？不要想那麼多就好了。」然後拿起一瓶瓶昂貴的保養品，塗在看不到斑駁血跡的表皮上。因為廣告說：要愛自己多一點……

老實告訴我，熟年的你，人生已經過了一半：你真的知道如何愛自己嗎？我指的是具體的動作——而不只是口號而已。

15.「愛自己」，累積生命資產的理由

如果你不知道應該怎麼愛自己，甚至不知道自己喜歡什麼，那你累積生命資產給誰用呢？

就算知道社會意義已經不能再保護你了，就算知道必須累積生命資產，充實自己的生命行囊，再次讓你的生命有意義，讓你能夠在朋友的保護當中，順利走過你的人生下半場——可是如果你不愛自己，滿心想著的只是別人，卻放任自己生活變得一團糟，那你在闔上這本書以後，你還是什麼都不會改變，繼續用你過去的方式過活，直到有天變成滿肚子遺憾的老頭；或是不快樂的阿婆。

你總得先願意愛你自己，而且有能力愛自己吧。

可是你上過「愛自己」的課嗎？有人教過你嗎？

沒有？那為什麼我聽你講這三個字，就像掏出信用卡一樣簡單？

「愛自己」很簡單嗎？

在還沒人弄清楚「愛自己」的意義時，社會上就如雨後春筍般冒出了眾多「愛自己」的口號，在許多廣告、宣傳上面此類的字眼也屢見不鮮，一方面呈現了人們（主要是最為辛苦的熟年世紀這一世代）在打拼工作半輩子之後，開始對「人生為何而戰」開始產生質疑；但從市場上推出來的產品與群眾所能接受的商品來看，這一個世代還真的不知道該怎麼愛自己——

吃好的、用好的，就叫做愛自己嗎？不，因為當你吃好用好的時候，你心裡想的是它的價格，而不是這些東西帶給你的享受；

買昂貴的奢侈品給自己，這個叫做愛自己嗎？不，因為你很可能不習慣穿戴這些東西，或者穿戴了雖然合宜，但那是給別人看的，你的內心想的還是它的價錢，而你真心覺得這樣子的設計與材質就值得你花上這個價格嗎？恐怕不盡然。

更有趣的是，當夫妻倆對於所謂「必須的奢侈品」定義不太一樣時，竟然還可以為此大動肝火、互相指控，用自己所能想出來最傷人的話語，在對方的心上戳幾個無形的窟窿。

舉個例子：先生認為他開個 **Benz** 已經不夠看，他應該去買台 **Porch**，而太太認為先生的想法完全是受到哪可恨的業務荒唐的洗腦，什麼叫做「成功的男人一生中就該擁有這樣一部跑車」——難道開這款車的人就叫做成功嗎？而成功的人就得要開這樣子的車嗎？不知道自己先生聰明一世、卻糊塗一時，竟然可以呆到相信業務的說法，明明對方要的就是業績，而他這把年紀竟然像個火山孝子般，拿了辛辛苦苦賺的錢，向可以當他兒子的人請教半天，最後還由對方來定義自己成功的價值。

但從另外一個角度來看，男人一樣不能明白自己的老婆為什麼就是要相信那一群妝容可怕、衣著誇張的貴婦的說法，去預約那一個要價四十幾萬元的柏金包，人手必備一個五、六萬元的菱格紋包包，純粹炫耀而保值性不高的精品珠寶，然後姐妹淘還會直呼便宜，甚至用「真的給你賺到了」之類的話語來鼓勵她。

明明一個包包就那麼小，什麼也不能裝；一張臉就長那樣，身材也跟模特兒天差地遠，這樣子還有人可以讚譽有加。唯一只能說的是，自己的朋友都告訴他：「女人在想些什麼，你永遠搞不懂，只要不吵不鬧，那花錢就值得了。」

像這樣子的對話屢見不鮮，唯一會更改的只有隨著主人翁的實際經濟狀態與社會地位而在內容上有所變動，但其實內容大意都是大同小異的。

非常有趣的一件事是，不管是男性這一方或者是女性這一方，都試圖從自己的性別與社會接觸面去追求（購買）所謂的價值，然後想把這個價值送給自己，他們期待透過這樣子的儀式，就能夠做到對自己負責、討好自己，也就是世俗上所謂的「愛自己」。

但是，事實就擺在眼前——就連自己的身邊人都不認同你所謂的價值叫做價值，那你就算把這些吃的、穿的、戴的、用的、洗的、抹的全部用在自己身上，別人也不見得認為你在愛自己。而更核心的問題是：為什麼愛自己是由別人來決定呢？而你做了這些有感覺到更快樂嗎？

愛車加速到時速一百比別人少〇・九秒，會讓你心情好多久？一個小時？二十分鐘？十秒鐘？還是你只是不喜歡那種輸的感覺？

你的項鍊主鑽是極淨度、無瑕、切工完美、頂級的三克拉彩鑽，你的隨身皮包是某義大利名廠全球二百組的限量款，去喝一杯一千多元的麝香貓咖啡。老實說，只有你跟賣東西給你的人，才知道的最清楚，而其他人說不定連這個名牌都沒聽說過。

姑且，把你從你的臭皮囊當中解放出來，站在外面，當成另外一個人，靜靜地看著妳／你的上述行為，平心而論，你覺得這個人是在愛自己？還是在發神經？

怎樣才叫做愛自己？

先前已經說過：「愛自己」是必須學習的。那麼這一次，筆者就要相反的，明明白白的列出一個清單，那就是愛自己的原則——

1. 認識自己：正所謂人貴自知。
2. 用自己的立場來看待與判斷事物的價值，不要用社會的眼光來判斷
3. 所謂的「成功」，不過就是取得一個到下一場落敗之可能性的機會罷了。
4. 樂在不優秀：我並不優秀，但這並不影響我的價值
5. 一個對待自己嚴厲、苛求、不許犯錯、不許鬆懈的人，他怎麼懂得怎麼愛他身周的人呢？
6. 如果你把自己當成「正義使者」，那你身旁就會有數不完的暴力等你去譴責
7. 只有能夠做到愛己如鄰的人，才能夠真正愛鄰如己。
8. 接納不完美，讓自己完整。

9. 黑暗的力量就像洪水一樣，你得學大禹的智慧，疏導它而不是圍堵它。你只需要為它們保留一個空間，讓它們的破壞力有發洩的地方，而不是永恆的打壓與打壓不住。如此就夠了。

10. 「愛自己」是一種偏袒自己、挺自己的「態度」，而非某些具體行動。

11. 你可以偏袒你自己，但是依然坐得直、行得正、不欺暗室。

12. 不要隨時把自己當「預備犯」：偏袒不代表放縱；接納不代表付諸行動。思想無罪。

13. 你得為所有愛你的人、仰慕你的人、敬佩你的人、甚至是同情你的人，而更加自私一點。因為，他們非常有可能是你敢對外給予承諾的礎石，而你卻從來看不到他們，當你為了一個近乎玩笑的承諾，而自我犧牲時，你同樣地也在犧牲他們重要的生命資產（就是你自己）。

14. 不要以為你行得正，其他人就有義務要配合你。

15. 看見所有愛你的人，讓他們因為愛你而有了笑容。

16. 什麼是好人？就是讓每個人都成為好人的人。當你把所有的好都給做盡了，把所有的苦都給獨吞了，那請問你要留下什麼空間給別人來對你伸出友誼的手呢？很多以為自己已經做到仁至義盡的人都會感覺到孤單，而且還會被別人所傷害，我只能說，那你可曾想過，你留下什麼餘地給別人，去展現他也是個有用的好人呢？

17. 練習讓別人有愛你的機會。

當然，這個原則列表是寫不完的，但是也夠你學的了，因為沒有一項是很容易做到的。但是只要抓住這個原則，那就對了——

認識你自己

要談愛自己，就得先要認識自己——那你認識你自己嗎？

你最害怕什麼？怕死？怕不安全？怕沒人要？怕開口想跟別人說話卻被拒絕？怕想跟別人當朋友，別人卻不理你？怕別人看不起你？怕別人暗中踹你一腳？怕別人嫉妒你？怕別人搶你的位置？怕別人奪走你的一切？也怕上帝要回祂給你的一切？怕你的一生就這麼樣子的過了？怕你老的時候沒人理你，像個老廢物般人見人嫌？

請拿出一張白紙（你要拿出電腦也可以），把你害怕的東西寫下來。

一開始，你會一個字也寫不出來，因為你的意識不容許你這麼做，記得你的意識鍛造的那層盔甲已經穿在你身上幾十年了，它不會輕言讓你身上柔軟的任何一個部位露出來，讓敵人有機可乘——甚至連你也不行，當然包括你的親人與朋友（如果你還有真正的朋友）但是我們就是要等你的意識相信你是無惡意的，它才會把這層盔甲給卸下來。

說來好笑，明明這一副盔甲就是你自己打造的，但偏偏它連你也擋在外面，你就靜靜的看，看看自己到底要花多久的時間才有辦法寫完那一張令你恐懼的清單。說實話，我並不知道你要花多久，我也不知道你寫出來的是真是假，但我能夠告訴你：如何藉由身體語言，分辨自己有沒有說真話。

利用的技巧是在精神醫學上稱為「la belle indifference」（漠不關心）的辨認法。

通常人類的情緒在書寫或言語表達時，會牽連所有的細微小肌肉，主要分布在顏面肌肉群，還有包括一系列的不自主性動作姿勢等等，也就是所謂的肢體語言。舉例來說，當一個人在描述憂鬱的心情時，他的表情應當出現沮喪的模樣，肢體動作通常會減少，包括不自主的喝茶行為等等，都會跟著變少。再舉一例，**當一個人在說謊的時候，他的表情理當顯得自然流暢——甚至有些過度流暢，但腰部以上部位的肢體動作通常是減少的。**

像這一類的鑑別方法，主要是司法精神醫學的研究領域，由於超出本書範圍，於此就不再討論。但是用在自己身上時，那就已經相當足夠。

如果你撰寫這一張清單時，是又快又自在，毫無困難的，那麼我得說這一張清單的內容可能意義不大，因為你早就已經在內心中反覆思索過這一類的問題，而且有過防備，那探討這些，將完全沒有意義。

真正有價值的，往往是「滿紙荒唐言，一把辛酸淚」，若非空白了很久，寫不出半個字，就是改了又改，怎麼看都不滿意——沒有關係，像這樣子慌亂的一張清單，就是我們要的你自己。

如果這一張清單真正反映了你自己，而且又能夠寫得井然有序，那我相信你在心靈上的道路已經走了很遠，你應該已經找到了自我探索的方向，你大可不必再看下去。

看見那個嚇得半死、又累又餓的孩子了嗎？

如果你寫好了，那你就可以把那張清單揉一揉，扔到垃圾桶。

因為，那張白紙的任務已經完成了。

清單不是輔助記憶的工具，它只是一面鏡子，重點在於完成它的過程。因為人生的問題實在太多了，如果我們要把上面的問題給一一解決，那我們將疲於奔命。而且，沒有列出來的問題，恐怕比上面的問題來得關鍵而且嚴重許多。

事實上，這在心理治療上，幾乎已經是個定律：**不願意來求助的人往往就是真正有問題的人；說不出口的話語、或是越是輕描淡寫的議題，往往就是最關鍵的問題所在。**

希望讀者不要有一種被欺騙的感覺，做了半天工，到最後，寫出來的都不重要，而寫的過程竟然比較重要——事實上，這個在心理治療的過程當中是非常常見的：

生命只有用生命才能治療。知識不行、理解不行、閱讀不行、看書也不行。被治療者（以下簡稱個案）必須透過治療者是「怎麼樣在活出他自己」的治療方式，而後他才夠頓悟到原來生命的出口應該是在A，而不是在B。

這個在中國儒家思想裡面就已經被說明的很清楚了，身教永遠重於言教，尤其快樂與幸福這種事情，你休想透過大量閱讀、博士學位、大量期刊發表，躲在旁邊或是診療椅後面就能夠解決自己的問題。

那你看到了自己的問題了嗎？如果你什麼都沒看到，那一定是你根本沒照書上所講的那樣去做。

現在還不遲，真的就拿一張白紙出來，把你害怕的東西寫下來，你何時寫都沒關係，就算看完整本書也不遲，反正，就是這麼簡單的一個動作，但是當你做了，你就會知道你穿著多厚重的盔甲在保護你自己，而你竟是如此的恐懼與慌亂。屆時，你就會明白：為什麼自己一路走來，是如此的辛苦，如此的疲累。

讓那個孩子安心吧！

他到底在怕些什麼？

他怕自己不夠好，不夠優秀、因此他不被接納。

他心裡明白：自己有很多缺陷，很多慾望，他很軟弱、很多壞點子，很多不夠好的地方，他怕被別人看見，他被別人一知道：就再也沒人喜歡他了。

此外，他還有好多好多的不安心——

16. 樂在不優秀

當你能看見真相：「我一點也不優秀」時，你可以選擇「承認」與「拒絕接受」。當你選擇拒絕接受時，你就得背離真實，用偷偷摸摸的努力來進行造神運動。很可惜，一山比一山高，你不是今天被擊敗，就是明天被擊敗，無論你有多優秀，你一定可以找得到夠大的池塘、湖泊或海洋，裡頭有比你更大的大魚。

在日本武士道的精神中，有一個觀念：劍客，必然死於劍下，因為在一場又一場的比武之中，所謂的「成功」，不過就是取得一個到下一場比武落敗而死之可能性的機會罷了。

如今，「不優秀」、「別人更強」、或「被擊敗」的觀念如果也能面對，並且被接受時，那更多的重石就從你的生命行囊中被挑出來且拋棄了。

「我並不優秀，但這並不影響我的價值。」——這是何等自在？何等快活？

搞清楚：你是來當人，還是來當神的？

愛自己是一種態度，一種信念，一種對自己近乎父母對子女般無私的愛，如果把「己所不欲，勿施於人」的否定句變成「人所欲，施於己」——那麼，差不多就很接近「愛自己」這三個字了。

同樣的情形在基督教的聖經裡頭也說明的很清楚：耶穌既然要「愛鄰如己」，祂何嘗又不是在告訴子民們「愛己如鄰」嗎？

一個對待自己嚴厲、苛求、不許犯錯、不許鬆懈的人，他怎麼懂得怎麼愛他身周的人呢？他將以為因為自己什麼也不要，而更加嚴酷的對待這個世界。

清代劉鶚在《老殘遊記》裡早就說過：「贓官可恨，人人知之，清官尤可恨，人多不知，蓋贓官自知有病，不敢公然為非；清官則自以為不要錢，何所不可，剛愎自用，小則殺人，大則誤國。吾人親目所見，不知凡幾矣。」

這些話語固然有其時代背景，也有些偏激，但他也指出了一個重要的事實——所謂正義，多少罪惡假汝之名以行之！③絕對的強者從來不必使用暴力，因為正義就是按照強者的意志而設計（雖然蘇格拉底不這麼認為）；而所謂的暴力，往往是弱者在無力對抗強者的意志時，最無奈也最不顧一切的怒吼。

如果你把自己當成「正義使者」，那你身旁就會有數不完的暴力等你去譴責：當你穿上鎧甲，你身旁的人也都會穿上鎧甲；當你高高舉起你的劍，你身旁的人也都會高高舉起他們的劍——但你來這個世界是當人還是神的？

莊子說的好：**「聖人不死，大盜不止。」**④——用最簡單的方式來類比：你在念書的時候，期中考全班都考二十到三十分，教授看來頗有加分的意思，結果突然發到一張考卷——八十一分，你覺得全班同學是什麼反應？

③編按：法國大革命時期的政治家羅蘭夫人（Manon Jeanne Phlipon，人稱 Madame Roland）一七九三年十一月八日被政敵送上斷頭台，臨刑前留下一句名言：「自由啊，多少罪惡假汝之名以行之！」

④編按：語出《莊子》胠篋篇：「夫川竭而谷虛，丘夷而淵實。聖人已死，則大盜不起，天下平而无故矣！聖人不死，大盜不止。雖重聖人而治天下，則是重利盜跖也。」聖人意指制定典制、禮法的人，莊子認為這些人反倒最會玩弄禮法。

筆者並非否定明辨大是大非的重要性，只是想提醒：

萬一你的人生前半場都是在重演拿那一張八十一分考卷，你覺得值得嗎？

玩到你的父母老了，兄弟姊妹少來往了，玩到夫妻之間說不到三句話，玩到孩子連唸幾年級都不知道、就突然大學畢業要出國了——那你贏得的「尊嚴」、「風骨」、「群眾的歡呼」，加起來到底幾斤幾兩重？

你在人生下半場，還想繼續這樣玩嗎？

回到現實，開始學習過生活吧！真正的空間、真正的親友、與真正的自己，你打算要怎麼對待他們呢？

實際上，只有能夠做到「愛己如鄰」的人，才能夠真正「愛鄰如己」。

牧羊人從來不曾要求羊群自己走到天國，因為馴良的羊群真的不認識路。人子是來救贖罪人的，倘若人類認為自己就可以向「無罪」無限逼近，甚至自己就夠良善，可以指控別人的罪——那也就沒機會得到救贖了。

接納不完美，成為完整的人

承認自己的有限吧！承認自己的軟弱，承認自己的恐懼，承認自己的所有負面與卑劣特質，包括：貪婪、虛榮、懶惰、自卑、沒人緣、顧人怨、情緒不穩、自我中心、好大喜功、見不得人好、喜歡用自大掩飾自己……然後，接受它，告訴自己：這就是我，這非我所願，但這些特質確實存在於我的心中，而我會盡我的力量，讓它不至於傷害另外一個人，當然，也包括我自己。

當你明白這些特質是你的一部分的時候，你就得要有個體認：這不是用「我要改」、「盡量改」之類的話語就可以打發的，黑暗的力量就像洪水一樣，你得學大禹的智慧，**疏導它而不是圍堵它**。

怎麼做呢？很簡單，就是為你的這些想法保留一個空間——你的大腦。

讓你的大腦成為這些負面思維的唯一保留區，但絕對不准許越界。換言之，思想無罪，只要你沒有將它付諸行動，你永遠不需要與它們為敵，因為，當你接納了它們的瞬間，它們就回到你身上快樂的成為你的一部分，你與它們為敵，就是與自己為敵。其實，你只需要為它們保留一個空間，讓它們的破壞力有發洩的地方，而不是永恆的打壓與打壓不住。如此就夠了。

「愛自己」就是站出來挺自己

你必須誠誠實實地面對自己，不管真實的自己有多醜陋、你有多討厭他，但你就是得要挺他——如果你不挺他，那你也休想別人挺他。

就算你做了一萬件好事，一萬件別人眼中不可思議的驚人壯舉，你不率先挺他，就是沒有人會去挺他。而這個他就是你。

所以，不需要怪別人說：人不要臉，天下無敵——而是應該去思考，為什麼有人做到那麼爛，他還有本事可以天下無敵——原理無他，**因為他至少挺他自己，光這一點他就勝過你了。**

你如果不「偏袒」你自己，那有誰偏袒你？有意思的是，誰說偏袒就一定是不好的呢？你可以偏袒你自己，但是坐得直、行得正、不欺暗室，要不要胡作非為，操之在你，而非偏不偏袒。難道你擔心偏袒自己就會導致你淪為不要臉的小人嗎？那你似乎把自己當敵人在看待耶，而一個隨時把自己當「預備犯」的人，說要愛自己，這豈不是很矛盾嗎？

讓生命中該跳的票跳票

這一節的觀念更少人提起，但一點都不難懂。

人的一生中永遠會有不少承諾是需要花上生命成本去信守的，問題是，哪些是你在為自己的面子、自我陶醉、悲劇英雄感而信守？哪些是真正在為對方、為良善、為正義而信守的？

這一代的熟年人士，常常為了一些所謂的信用、正義等傳統價值而背負著莫名奇妙的義務，看在新一代的人們眼裡，往往很難理解：為什麼有人願意無償作保卻背了一身債？為什麼有人明知對方即將倒閉，卻基於朋友情誼，放任債權於不顧？

在熟年世代眼裡，這就是一種責任，義不容辭，但是真相真的如此嗎？如果說：你活在世上孑然一身，爹不疼、娘不愛，既無兄姊，也無弟妹，孤家寡人一個，平日作為人見人厭，做人失敗到底，那麼你要犧牲自己、成就別人——盡管去做，因為沒有任何一個人會因為你的犧牲而感覺到悲哀，或被剝奪於無形之中。

但如果你不是這樣子的人，那麼你就得為所有愛你的人、仰慕你的人、敬佩你的人、甚至是同情你的人，而更加自私一點。

因為，他們非常有可能是你敢對外給予承諾的礎石，而你卻從來看不到他們，當你為了一個近乎玩笑的承諾，而自我犧牲時，你同樣地也在犧牲他們重要的生命資產（就是你自己）。

像這類的例子，在中國的歷史上比比皆是。就以撰寫〈正氣歌〉聞名的南宋名將文天祥為例好了，有人清楚他有妻子或小孩嗎？有人知道當他南面再拜而死時，悲傷、沮喪、絕望地跟著自殺的人有多少嗎？在某個意義上，他是個忠貞的好臣子；但同時，他也是個不負責任的丈夫、父親、或兒子。熟悉歷史的人可能清楚，有人勸他詐降，日後再起，但他拒絕了。從這一點來看，他想成就的到底是自己的正氣？還是南宋的命脈？

事實上，國父孫中山又何嘗不是如此呢？他的「偉大」絕對不是在於歷經十次革命失敗，依然不放棄、不屈不撓的精神，而是在於他竟然可以歷經十次起義而還沒陣亡——原來他都是動嘴皮子，鼓吹革命就好，而挨子彈的名單裡都沒有他。但是，在建立民國的過程中，他卻是絕對重要而必須的，因為他是個天賦過人的煽動家。但是，作為任何一個革命先烈的父母、兄弟、姐妹、妻兒，可一點都不會認同這點，他們只會看到原本富裕的家境，全力資助家中未來的接班人出國唸了書——然而只因聽了某場演講，數年後傳回來的卻是這個繫家族希望於一身者的死訊，而且還沒有人敢為這些「反賊」收屍。

毫無疑問的，如果沒有上述這些人的犧牲，世界就不會有所改變，但是，希望每位讀者都能夠理解：

你的所有作為，影響到的人都不會只有你自己而已。什麼是真正值得的？而什麼又是你該選擇的？你得好好思考個清楚。不要以為你行得正，其他人就有義務要配合你。

練習給別人一個愛你的機會

你的人生前半場也許在成就自己，但下半場你還想繼續這樣嗎？

什麼是真正的強者？那就是讓每個人因為他都能變強；什麼是好人？就是讓每個人都成為好人的人。當你把所有的好都給做盡了，把所有的苦都給獨吞了，那請問你要留下什麼空間給別人來對你伸出友誼的手呢？很多以為自己已經做到仁至義盡的人都會感覺到孤單，而且還會被別人所傷害，我只能說，那你可曾想過，你留下什麼餘地給別人，去展現他也是個有用的好人呢？

無用之用乃為大用，正因為無用，所以每個人在其面前都能展現己用，所以方為大用。

如果你知道你的無所作為可以讓對方成為一個有用的人，那你願意當個窩囊廢嗎？絕大多數的人不願意，他們會藉口說：「他很懶，我不做，他什麼都不會做。」事實上，真的如此嗎？是他的不會做？還是因為你想做？你想贏得那個有用、有價值的感覺呢？

停止無謂且過度的犧牲與付出，反過來練習讓別人為你而付出。

剛開始，你會感覺到很恐懼，你會擔心對方是否會因此不再喜歡你，認為你是個懶惰的傢伙、不要臉的米蟲，但是，你只要做到禮尚往來，但絕對不要超過。偶而讓別人為你多付出一點，這樣別人反而會覺得在你面前他是有用的。如此，你也不必再扮演那個老是做得半死卻又孤獨無比的笨蛋。

練習讓別人有愛你的機會，這是許多熟年人士最需要學習的地方。

17. 累積生命資產，減少負債

一但你能夠學會愛自己，你就開始具備主體性的生命；換句話說，你的人生可以不再是為別人而活，也可以不必從別人的肯定中去確認自己存在的價值，你可以開始累積自己的生命資產。

還記得上一章所提到的哪些生命資產吧！其中，請讓勞動就是為了勞動，而不是為了別人的肯定或更高的成就；經濟就是為了經濟，只為確保生活無虞，而不再於累積更多社會意義中的財富；在親密關係資產中，你要有損失的心理準備，也因此你應當更加珍惜所有你的親人；而人際關係資產這一塊——則是熟年階段的你最需要大量累積、拓展、栽培的。

這些人際關係與你的事業越不相干越好，因為利益交換已經不再是經營人際關係的重點，你所需要的人際資產是要用來擴展你的視野，建立新的生存意義與生活方式，協助你度過往後數十年歲月的。當然，培養越多元化的嗜好，對於你度過往後的歲月會有很大的幫助。至於其他的生命資產，那就由你自行去探索與經營了。

當然，您會說：我失業、沒有經濟基礎、孑然一身、沒有朋友、沒有嗜好、沒有宗教信仰——那該怎麼辦？

我的回答很簡單：你在欺騙你自己，你也在欺騙你身邊所有的人：如果你已經這麼慘了，還不能驅動你振作起來，表示你還寄生在某些自己過去存下或別人的生命資產當中，否則，你早就死了。

關於讀者最想知道的問題：「何處才能尋找到生命資產？」我的回答卻非常尷尬：

1. 如果你要的是「專業等級」的發現生命資產能力，那我必須說：那您需要的是一個完整的專業訓練。如果您想脫穎而出，那您還需要過人的天賦與明師。理情療法（Rational Emotive Behavior Therapy）大師艾里斯（Albert Ellis）就是在熟年階段「突然」想學心理治療，十年內，就從門外漢一路發展到國際級大師，終成一個有名療法的宗師——在此之前，他各行各業都試過了，每行通通快要走不下去。

2. 如果你要的是「助人等級」的發現生命資產能力，我可以說：針對熟年而開的正統心理治療領域，很抱歉，台灣沒有！我們也不敢輕言開課，因為誰也不知道有多少人對此議題感興趣。如果您需要，歡迎回饋給出版社，我們就會知道；或是直接到臉書來（杏語心靈診所），出個聲，讓我們知道有你。

3. 如果你要的只是一般發現生命資產能力：再次複述，生命資產就是一種存在於「記憶」、「現實」、「夢想」、與「人生規劃」中，所有會讓你笑出來的一些東西。思緒、畫面、對話，都可以。生命資產可能存在於你的童年記憶、得意往事、某些愛妳的人之中。你必須去思索，用力的思索，從童年的回憶、成長背景的苦難，與妳一次又一次的克服，在那傷害與療癒的力與美之間，才會真正顯露出來。讓我再舉一個例子。

案例（以下故事經過改編）

在我第一天踏入精神醫學領域值班的那一天晚上，前一班丟下了這個棘手的難題給我——個案是跳淡水河自殺送急診的女生，狀況都已經穩定，但竟聯絡不上她的任何親人（可見社會孤立有多麼強烈！），但長住在急診也不行，後面一堆緊急的人都進不來，但任何一位醫師提到出院，她就說她一出醫院大門口，就會立刻去跳淡水河。

也許是初生之犢不畏虎吧？我就搬了一張椅子過去，徵得她同意，就開始跟他聊起她對於未來看法、世界觀等等——太多人跟她談「過去」了，想找出問題所在——而她的過去似乎不堪回首，我何必傷口上灑鹽呢？所以，我跟她談未來，她對未來總有看法吧？（我不考慮偏差到哪裡去）。

我一開始就從預告會談時間四十分鐘，我從來沒提到出院半個字。我注意到她有有多很有創意的想法，甚至，她還會畫畫！但是每講到這些，講不了幾分鐘，她又會沮喪地說，有這些能力有什麼用？她到頭來，還不是一個病人？

我大抵講了諸如下列的話：「你不是世界的中心：沒有那麼多人想算計你，也沒有那麼多人怕你——但願你不要感到失望：你也許是個天才，但就是很普通很普通的那種天才而已——當你有需要的時候，是有很多人願意對你伸出友誼之手的。」

四十分鐘到了之後，我說：「很高興認識妳，有機會以後再聽妳說說妳打算怎麼料理那個貴婦。」

反倒讓她困惑了：「醫生，你不是要來告訴我，不緊急的就要出院嗎？」

「嗯，」那我問了。「如果我這樣講，妳會答應嗎？」

她有點困窘的說「以前我都會說：我要去跳淡水河。」

「腳長在妳身上，我管得了這麼多嗎？我只能盡我本分，我只能誠實的說：如果你跳了，而且被救起來，剛好我值班，我就會像現在這樣歡迎妳這麼一個孤單的心靈。」

「如果死了呢？」

「死了就算了。我不接受也得接受。」

女孩愣住了。「當然，如果你只是想有人聊聊天，我每週可以安排固定時間給妳。」

女孩接受了。於是，二十分鐘後，她自行辦理出院了。

好，易地而處，假設你是那位女生，你覺得：她匱乏的是什麼生命資產？請拿出一張紙來，寫下你的推論——

其實，我在四十分鐘裡面，也用了不少技巧，例如「似貶實褒」；另外，我也承認：有一些技巧我當時根本沒學過，或者只是在教科書上學過，但是實務上沒師長教過我怎麼運用，必須等到隨後的五、六年來，我實際接觸、深入學習才了解當時自己在做什麼——說來汗顏，我在心理治療技術的養成中，這類的情形不少：很多是臨時遇到了（就像第一天守急診，職責所在），不得不說些什麼，講些什麼，然後就發現「奇怪！我怎麼辦到了？」

等到我真正有人指導，深入探討時，才赫然發現：原來我用的正是某某學派的某某技巧，起承轉合通通都符合：只是我連那理論與學術名詞連聽都沒聽過以前，已經使用很久了。

如果您真的拿出一張紙寫下想法，現在應該寫好了；如果沒有，沒關係，先讓我們看下去——

匱乏勞動資產？

顯然沒有！如果有，哪能讓她躺這麼多天呢？

用某種意義來說：她的職業，就變成了「專業病人」（注意她回應我的話），叫她出院，在某種程度上，是要讓她失去在社會上的一種勞動角色的，接近失業的感覺。我知道：這很難令人明白，但一個社會邊緣人，已經走投無路，她最熟悉的是急診室的燈光、刺鼻的空氣、忽然一陣的忙碌與一陣的平靜——這類不類似另類的一種工作環境？雖然一點生產力也沒有。但是，有人的工作就是蓋不完的關防、被勾心鬥角得半死、計較考績甲乙等跟聽不完的八卦，生產力到底怎麼定義也很難講。

若從她主觀經驗來感受，若她已經沒有家，那急診室對他而言，到底算是辦公室還是家？倒很難說——至少，她上班（送急診）是要打卡（刷健保卡）的，所以，我當時是推論：她另外應該還有個家（通常是男朋友的住所），而她是因為跟男友吵架而跳淡水河的。（限於保密原則，後來發展不便奉告）而我的任務就是讓她「下班」。

但是，故事絕對沒那麼簡單：她為什麼不讓她男友知道她住院？失望？自卑而傲慢？還是她根本無法維持一段長久的親密關係？

匱乏經濟資產？

如無意外，應該很糟糕才對。但也不一定，因為她也可能在物質上並不匱乏，而匱乏的是心靈層面的「關係」。

匱乏親密關係資產？

看來是很惡劣，根據急診紀錄，她住院期間，她從未有訪客，而社工用盡全力，聯絡不上這個人的任何親人。很有可能，這就是她生命故事中最大的破口，所有的問題，都可能衍生於這個原生的匱乏。

匱乏人際關係資產？

這個部份與親密關係資產加起來，大概是她生命最欠缺、最匱乏的部份，用一句稍嫌難聽、卻很貼切的形容詞——已經匱乏到「飢不擇食」的地步。

光從她男友沒來探訪他，知心朋友竟然一個也沒來——不禁令人懷疑：她到底是不是連一個朋友有沒有？這也不難想見她會選擇留在急診的緣故：至少會有護士小姐來換點滴與移床，這好歹也算是人際互動——但是，讀者要是細細體會，便能感受到那種悲哀的感覺。

而且，有一位陌生的醫師願意聽她說話，竟然就能將她從鬼門關拉回來。這代表她內心世界有多麼孤獨，多麼渴望有人傾聽她說話！這是何等寂寞，何等孤單的一個靈魂！

找到對方最欠缺的生命資產，你接下來就知道該怎麼做了——

到此為止，讀者不知道自己透過這個故事所推論該女孩的生命資產，與筆者所寫的想比較如何？無論如何，生命資產的發掘，就是這樣訓練的——沒有標準答案，只有反覆的練習，直到成為反射動作——看到一個人的現狀，就可以分析出他的生命資產，反過來推論他的生命故事。

最後怎麼驗證呢？很簡單，走上前去，跟他聊天。

找出他最匱乏的生命資產，給予他，如果你的推論正確，你會很輕而易舉的，就說服一個人照你的意思去做。

一旦你會評估別人的生命資產，你就會評估自己的。

會評估了，沒事做，找事做，有給職也好，義工也好；沒錢賺錢；保留太少時間給家人，那這陣子就多陪陪家人；太久沒跟朋友往來，就把朋友都找出來聚一聚；閒下來時悶得發慌，就培養個嗜好、學個語言、學個才藝；太久沒上教堂，就該去做個禮拜。

至於從記憶中找資源或從夢想中找資源，這涉及符號運作與建構能力，恐怕不是讀者可以自行看看書就能無師自通的。但是，從當下中找資源，那就綽綽有餘了——從記憶與夢想中建構資源的技巧，那就交給專業的心理治療來吧！

18. 另一個故事的開始

不知不覺中，本書已經來到了尾聲。然而，屬於您的故事，才正要開始。

打造屬於自己的人生下半場

你人生中徹徹底底的失敗過嗎？如果沒有，那你可以試試看，要不然，以後也沒機會了。你曾經體驗過那種錯過的懊惱與最深沉的悔恨嗎？如果沒有，那你可以嚐嚐看，要不然，以後也沒機會了。

你有過那種被擊倒、癱在地上、怎麼樣也爬不起來的感覺過嗎？如果沒有，那你可能不知道：那種被擊倒之後，發現再也無人能擊倒自己的感覺（因為已經倒了），是有多麼的輕鬆、自在與踏實，是一種什麼樣百感交集的經驗？你可以嚐嚐看，要不然，以後也沒機會了。

事實上，什麼叫做好？什麼叫做壞？什麼叫做幸運？什麼叫做不幸？什麼叫做輸？什麼叫做贏？這一切都沒有所謂的絕對。有些時候，甚至都值得你去嘗試看看。

人生的下半場是沒有規則可循的，沒有那麼多的義務，也沒有那麼多的迫切性，你不會因為某個失誤，因而造成永遠無法彌補的傷害；相反地，你卻可能因為少了某個失誤，因而永遠看不到某些風景，這就是人生下半場非常奇特的現象——既沒有對，也就沒有錯；既沒有贏，也就沒有輸。

所有的得失成敗，就像調色盤上的顏料，有黑、有白、有紅、有綠、有藍、有紫，一切就看你怎麼將它們揮灑在你的畫布上，而你想畫什麼，就畫什麼。你只要記得——

你畫了什麼，你就是什麼。

這就是人生。

寬恕的真諦

有個婦人來求診。她的主述都是一些焦慮、憂鬱的症狀。診斷並不困難，就是憂鬱症，任何一位精神科醫師都可以辨到這點。問題在於是什麼造成她的憂鬱？又該怎麼治療？

「是我的先生。」婦人痛苦地說著。「但我不知道我該不該這樣說？」

婦人陳述了一段艱辛的過去。原來，婦人面對著婚姻暴力的問題。先生喜歡喝酒，一喝醉，就動手打她。先生因為酒醉的關係，工作都無法維持長久，讓她不得不到外面工作賺錢，貼補家用。但儘管如此，當她回到家中之後，所有大大小小的家事，以及三個小孩的扶養，都需要她來處理。

她身心俱疲，整天生活於恐懼當中，她還擔心家庭暴力的現象，會影響小孩子的發展。

「妳的公婆怎麼說？」

「他們都站在先生那邊！」婦人又敘述了一段悲情的故事。聽起來，公公婆婆偏袒親生的兒子，當暴力出現時，公婆往往反過來指責她事情沒處理好，才激怒她先生。而妯娌姑嫂們，也都採取自掃門前雪的態度。到頭來，她變成了一切問題的核心。明明她是受害者，她卻必須負擔「不要讓先生生氣」的責任。她不斷受挫，而且還不斷受到其他人指責。然而，這還不是最苦的——

「大家都要我寬恕他們。」婦人幾乎崩潰。「教會的姊妹都很關心我，沒有他們，我活不到現在。但我說實在的，我真的很難去寬恕那些傷害我的人。」

「那你曾經去報復過嗎？」

「我很想。但我不敢。而且，我偶爾也會懷疑：到底真相是如何？是我做錯了，才導致先生打我？我到底怎麼了？」

「所以，我聽起來，妳面對的問題有幾個：妳目前處於很不確定的狀態。事實真相、孰是孰非妳沒有辦法確定。其次，妳很想報復，但妳又不希望這麼做；但如果要放任妳這樣下去，妳又無法忍受。所以聽起來，妳很想說：妳先生聯合全家來欺負妳，但妳不甘心，妳想報復，但又覺得不妥，別人要妳寬恕，妳也做不到？」

婦人點點頭。「他們都說我瘋了。我也很擔心：自己是不是瘋了？」

「我只是個醫師，不是上帝，所以我沒有能力幫你做判斷。至於診斷，我不認為那很重要。」我說。「我只告訴你該怎麼做。首先，先問妳幾個問題——妳鄰居對這件事情的看法怎樣？」

婦人想了想，搖搖頭。「我沒問過他們。」

「妳有什麼生活嗜好或娛樂消遣嗎？」

婦人搖搖頭。

「倘若妳被趕出家門，妳能自己活的下去嗎？」

婦人搖搖頭。

「妳仔細想一想，關心妳的人多？還是傷害妳的人多？」

婦人想了很久。「其實關心我的人比較多。」

「好，那妳花多少心思在那些關心妳的人身上？」

婦人愣住了。

「這就是問題核心。」我說。

「妳被先生傷害，也被婆家傷害，妳一心尋求所謂的正義，但妳又沒有辦法證明自己是對的。所以妳什麼事情都不能做，這就是妳既焦慮又憂鬱的主因。而傷害妳的人少，關心妳的人多，妳卻老是花時間討好那些傷害妳的人，卻將愛妳的人棄之不顧。這豈不是很荒謬嗎？」

「所以，最愛妳的人是誰呢？是妳自己。圍繞在妳旁邊的、關心妳的人是誰呢？是那些朋友。妳得在心中提升他們的地位。

妳應該多為自己、也多為朋友們著想。傷害妳的人是誰呢？聽起來是妳的先生、婆婆。妳得在心中把他們降級。妳無須去追問：他們為什麼要這樣做？也無需去討論：他們到底好不好？這些真相與評價，留給上帝去做判斷，不是身為凡人的妳應該去做的。

妳要做的，只是減低他們在妳心中的比重。先生想打妳，妳就去申請保護令，不然就跑給他追。婆婆喜歡指責妳，妳就不要讓她有開口的機會。他們一罵妳，妳就藉故離去，要不然，就乾脆跟他們各說各話。

該妳做的事情妳就做，不該妳做的事情就讓它放到爛也沒關係。」

「不能不做的，不然我會被罵死的。」

「妳又來了。妳又在關心那些傷害妳的人了。」我說。「而且，說實在的，妳即使配合他們，他們就會對妳有好評價嗎？」

「我明白了。」婦人默認了，但是想了一想，又開始猶豫。「這樣子不是違背了寬恕的真意嗎？我不是該去愛我的敵人嗎？」

我微微笑。「容我賣個關子，幾個月後妳就會知道。」

一個月過後，婦人來返診。臉上開始有笑容了。我因為時間不夠，就沒有多說什麼。

幾個月過後，婦人整個人都變了樣子：她衣著亮麗多了，講話大聲多了，走起路來也有元氣，乍看之下，很難想像這就是幾個月前那個即將瀕臨自殺的憂鬱症婦人。

「這幾個月來怎樣？」

「奇蹟。」婦人神采飛揚地說。「我只能說是奇蹟。我照著您的說法去做。我才赫然發現：我身旁有這麼多人默默在關心我！我的鄰居、教會的姊妹，甚至我的小姑們也是。我以前都沒注意過他們，而且也根本不在意他們。我真的都專注於我的先生。偏偏他傷害我最大！」

我微笑不語。

「我乾脆就不去理他。我沒去請保護令——我還是比較傳統，不好意思將家醜外揚。但是，他現在一喝醉，我就躲開。他連想打我也沒機會。結果他竟然去打我婆婆，我婆婆氣壞了，開始罵他。我現在除了必要的工作，我其他事情都不管了。我把自己的時間放在教會、街坊鄰居上面。而且，我還報名了才藝班。我要多學些東西。最令人高興的是，這些日子我的心情越來越好，我的小孩也彷彿感染了我的情緒似的，越來越開朗。」

「妳明白什麼是寬恕的真意了嗎？」

「我不懂。」一絲陰霾浮現婦人臉上。「我有時候還會擔心，我是不是太自私了？」

「是該告訴妳答案的時候了。」我說。「妳覺得妳先生為什麼會打妳？」

「我發現他很缺乏自信，小時候被父母保護的太過了，他又不懂得怎麼表達自己。當他發現自己做不到自己想要的東西時，他就會直接將憤怒發洩出來。而我很倒楣，就成為他的受氣包。」

「所以過去妳的挨打，就是在幫助他繼續惡化，讓他永遠沒機會學習。」

「以後不會了。」婦人尷尬地笑一笑。「說實在的。我覺得他蠻可憐的。我有點想幫他。但又不知道該怎麼做？」

「妳需要的是知識、方法、跟資源。這些妳可以在一些書籍、助人工作中學習到，妳也可以回到校園——有何不可？」我闔上病歷。「還有其他問題嗎？」

「我還是不知道寬恕的真意。」

「妳已經替我回答過了。」我淡淡地說。

很多受苦的人都誤把「縱容」當成「寬恕」。事實上，縱容是懦弱的表現，而寬恕卻是勇氣的實現。一個人如果學不會愛自己、以及愛所有愛他的人，那他就不會有足夠的力量去抗拒懦弱——他會將所有的資源拿去討好那些傷害他的人，對方將成為「壞人」，而他自己就會成為「受害者」，到最後就是合演一齣悲劇，雙雙一起墮落。

絕大多數人一想到寬恕，就想到自我犧牲，但事實上，寬恕背後是有個強大力量的。上帝的愛散在於天地間，你必須透過愛才能領略到那個力量，當你被那強大而良善的力量所包圍時，寬恕就會成為再自然不過的結果。

所以，如何才能愛你的敵人呢？最快的方式就是先去愛所有愛你的人，同時不要對敵人進行任何評價，也不要配合敵人、或讓敵人有任何繼續傷害妳的機會，更不要浪費唇舌在辯論孰是孰非上。倘若你能做到這點，力量就會開始累積，當你成為強者的那一天，你將會發現：寬恕竟然是如此的容易。

剩下的二三事……

還有很多的議題，在本書中並沒有機會提到，例如——

偏重心理因素的有：親子衝突、面對老化與死亡（包括自己、配偶與其他親友）、過度依賴藥物、事業傳承問題等等。偏向社會問題的有：熟年酗酒、濫用醫療資源（精神病理性或心因性恐懼）、高齡犯罪、養生事業氾濫等等。神經精神疾病的有：單純性妄想症、身體化症、老人痴呆症、好發於生命中晚期的遺傳性疾病等等。

其實，該討論的有太多太多了，不是這本書可以負荷得了的，不得已，只好割愛。

但其中，最讓筆者深感歉意的是：基於年齡層的接受度與相關資料的相對稀少，整本書是以異性戀本位主義的敘事觀點撰寫的——這等於完全忽視了那整整十分之一的同志人口。但是，在那個無法出櫃、也無法面對同志議題的年代，也許繼續保持原狀，會是比較好的選擇。

最後，筆者只有一個很簡單的呼籲——

我們只有一個地球：請把自己生產出來的財富給帶走

這一群的熟年世代曾經創造了人類有史以來最龐大財富的一個世代，當然有必要在下半輩子裡，再一次示範：如何將這些財富在有生之年給享用完畢。

正如古諺說：「生不帶來，死不帶走」，如果只會創造財富，卻不懂得怎麼運用財富，那擁有財富，那不但是一種悲哀，還是一種災難。因為，如果只將財富留給下一代；而「如何從賺錢的過程中獲取意義」，一直到「如何從用掉它的過程中再次享受到意義」——都未曾留傳下來的話，那麼這些財富就真的成為名符其實的「事業廢棄物」，除了能讓下一代陷於紛紛擾擾：貧者怨懟、富者迷失，「被剝奪感」與「無方向感」同步上升；人們既不知道能做什麼，同時也不知何去何從以外，真的不知道有什麼用處。自己創造出來的財富，請自己負責清理乾淨，不要再讓它留在世間魅惑人心。

請發揮公德心：愛愛你自己。把自己生產出來的所有財貨給帶走，好好的再活出另外半世紀的奇蹟，順便把人類物種的壽命衝向另一個新高，好嗎？

熟年館

熟年世代　最誠實的熟年心理與人生剖析

作者◆陳俊欽
叢書主編◆何珮琪
責任編輯◆何珮琪
封面設計◆吳郁婷

發行人／施嘉明
總編輯／方鵬程
編輯部經理／李俊男
出版發行／臺灣商務印書館股份有限公司
出版發業登記證／局版北市業字第 993 號
臺北市重慶南路一段三十七號
電話／(02)2371-3712
讀者服務專線／ 0800-056196
郵撥／ 0000165-1
網路書店／ www.cptw.com.tw
E-mail ／ cptw@cptw.com.tw
網址／ www.cptw.com.tw
初版一刷／ 2013 年 1 月
定價／新台幣 300 元

ISBN 978-957-05-2799-5
版權所有　翻印必究

熟年世代：最誠實的熟年心理與人生剖析 ／ 陳俊欽著. -- 初版. -- 臺北市：臺灣商務, 2013. 01
面 ； 公分. --（熟年館）

ISBN 978-957-05-2799-5(平裝)

1. 成人心理學 2. 自我實現

173.3 101025395

廣 告 回 信
臺灣北區郵政管理局登記證
台北廣字第6450號
免 貼 郵 票

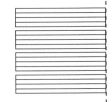

100台北市重慶南路一段37號

臺灣商務印書館 收

對摺寄回，謝謝！

傳統現代 並翼而翔

Flying with the wings of tradtion and modernity.

讀者回函卡

感謝您對本館的支持，為加強對您的服務，請填妥此卡，免付郵資寄回，可隨時收到本館最新出版訊息，及享受各種優惠。

■ 姓名：＿＿＿＿＿＿＿＿＿＿＿＿＿ 性別：□ 男 □ 女

■ 出生日期：＿＿＿＿年＿＿＿＿月＿＿＿＿日

■ 職業：□學生 □公務(含軍警) □家管 □服務 □金融 □製造
□資訊 □大眾傳播 □自由業 □農漁牧 □退休 □其他

■ 學歷：□高中以下（含高中）□大專 □研究所（含以上）

■ 地址：＿＿＿＿＿＿＿＿＿＿＿＿＿＿＿＿＿＿＿＿＿＿＿＿
＿＿＿＿＿＿＿＿＿＿＿＿＿＿＿＿＿＿＿＿＿＿＿＿

■ 電話：(H) ＿＿＿＿＿＿＿＿＿＿＿ (O) ＿＿＿＿＿＿＿＿＿＿

■ E-mail：＿＿＿＿＿＿＿＿＿＿＿＿＿＿＿＿＿＿＿＿＿＿

■ 購買書名：＿＿＿＿＿＿＿＿＿＿＿＿＿＿＿＿＿＿＿＿＿

■ 您從何處得知本書？

□網路 □DM廣告 □報紙廣告 □報紙專欄 □傳單
□書店 □親友介紹 □電視廣播 □雜誌廣告 □其他

■ 您喜歡閱讀哪一類別的書籍？

□哲學．宗教 □藝術．心靈 □人文．科普 □商業．投資
□社會．文化 □親子．學習 □生活．休閒 □醫學．養生
□文學．小說 □歷史．傳記

■ 您對本書的意見？（A/滿意 B/尚可 C/須改進）

內容＿＿＿＿＿編輯＿＿＿＿＿校對＿＿＿＿＿翻譯＿＿＿＿＿
封面設計＿＿＿＿＿價格＿＿＿＿＿其他＿＿＿＿＿＿＿＿＿＿

■ 您的建議：＿＿＿＿＿＿＿＿＿＿＿＿＿＿＿＿＿＿＿＿＿
＿＿＿＿＿＿＿＿＿＿＿＿＿＿＿＿＿＿＿＿＿＿＿＿＿＿

※ 歡迎您隨時至本館網路書店發表書評及留下任何意見

臺灣商務印書館 The Commercial Press, Ltd.

台北市100重慶南路一段三十七號　電話：(02)23115538
讀者服務專線：0800056196　傳真：(02)23710274
郵撥：0000165-1號　E-mail：ecptw@cptw.com.tw
網路書店網址：http://www.cptw.com.tw　部落格：http://blog.yam.com/ecptw
臉書：http://facebook.com/ecptw